Horst Kammrad
Spaziergänge in Zehlendorf

W0229729

Horst Kammrad

Spaziergänge in
Zehlendorf

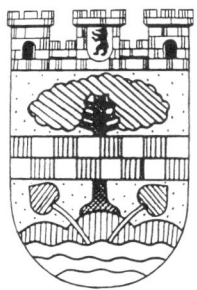

HAUDE & SPENER

Abbildungen: Fam. Bathe (S. 18); Heimatmuseum Zehlendorf
(S. 15, 30, 47, 48, 54, 75, 77); Kümperling (S. 41); D. Matthes (S. 63);
Nörenberg (S. 33); H. Thielecke (S. 24, 27, 37, 43); G. Unger (S. 66);
W. Witzke (S. 40); Archiv des Autors (S. 6, 12, 14, 19, 21, 28, 31, 36,
38, 49, 51, 52, 59, 60, 61, 64, 71, 81, 82, 84, 85, 91, 95, 97, 99)

Besonderer Dank für freundliche Beratung und uneigennützige
Unterstützung gilt an dieser Stelle Frau Erika Müller-Lauter (Ge-
schichtsforscherin) und Herrn Benno Carus (Heimatmuseum
Zehlendorf).

Die Deutsche Bibliothek – CIP-Einheitsaufnahme

Kammrad, Horst:
Spaziergänge in Zehlendorf / Horst Kammrad. – Berlin:
Haude und Spener, 1996
    (Berlinische Reminiszenzen; 74)
    ISBN 3-7759-0401-8
NE: GT

© 1996 Haude & Spenersche Verlagsbuchhandlung GmbH, Berlin
Satz: Volker Spiess, Berlin
Umschlag: Uwe Friedrich, Berlin
Gesamtherstellung: Ebner, Ulm
ISBN 3-7759-0401-8

Inhalt

Die 1768 erbaute Zehlendorfer Dorfkirche

Zehlendorf – ein grüner Bezirk

Ein grüner Bezirk wie Zehlendorf lädt geradezu ein zum Spazierengehen und zum Wandern. 2.379 ha Wald- und 1.069 ha Wasserfläche vermitteln dem Einheimischen wie auch dem Gast das Gefühl, fernab der Großstadt Berlin zu sein. Dabei ist beinahe jeder Winkel des Bezirks mit öffentlichen Verkehrsmitteln zu erreichen. Neben vielen Autobuslinien gibt es sieben U-Bahnhöfe, sechs S-Bahnhöfe, einen Fernbahnhof und einen Hafen. Obwohl Zehlendorf flächenmäßig zu den größten Berliner Bezirken gehört, wohnen hier nur 107.300 Personen, das sind 2,8 Prozent der Berliner Bevölkerung.

Von den achtzehn mehr oder weniger großen Parkanlagen soll vorweg nur eine erwähnt werden. Das ist der Volkspark Glienicke zwischen der Wannseer Königstraße und der Havel, der in den weitläufigen, bis zur Pfaueninsel reichenden Berliner Forst übergeht. Einen »Garten Eden« nannte Ludwig Sternaux den von Lenné geschaffenen Landschaftspark in seinem 1924 erschienenen »Potsdam – ein Buch der Erinnerung«, dessen im neuen »alten« Glanz entstandenes Schloß des Prinzen Carl von Preußen ein beliebtes Ausflugsziel ist. Auf den folgenden Spaziergängen kommen wir zwar nicht in die nähere Umgebung der berühmt gewordenen Glienicker Brücke, von Wannsee aus ist es aber nur ein kurzer Abstecher zum Park, zum Schloß und zum gegenüberliegenden Jagdschloß des Großen Kurfürsten.

Abseits von unseren Wegen und doch gut zu erreichen liegt auch das 1542 unter Kurfürst Joachim von Caspar Theiß erbaute Jagdschloß Grunewald am Grunewaldsee, Ausgangspunkt für eine Wanderung oder Radtour entlang der Seenkette Krumme Lanke und Schlachtensee.

Die Bezirksgrenzen umfassen vier ehemalige Dörfer. Da ist Zehlendorf (seit 1242), das heute noch (besonders rund um die Dorfaue) bei den Besuchern einen kleinstädtischen Eindruck erweckt. Ein Zentrum bilden die Dorfkirche von 1768, die auf Anordnung Friedrichs II. gebaut wurde, und das ehemalige Schulhaus von 1828, das eine Zeitlang als Gemeindeamt diente und in dem sich heute das Heimatmuseum befindet. Das Dorf Schönow (seit 1299) liegt im Süden des Bezirks, ein Sackgassendorf, dessen ursprüngliche Lage erhalten geblieben ist. Stolpe (1299), weit draußen in einer wald- und seenreichen Umgebung, war in früheren Zeiten ein Fischerdorf. Auch in Dahlem (seit 1375) ist der ursprüngliche Dorfkern um den alten Gutshof, der heute als agrarhistorisches Museum genutzt wird, erhalten geblieben. Die niedrigen Stuben des Dorfkrugs laden den Gast zur Einkehr ein, und die Teilnahme an einem Gottesdienst in der St. Annen-Kirche, die zu den ältesten Gotteshäusern der Stadt zählt, vermittelt eine ganz besondere Atmosphäre. Sehenswert ist das in Deutschland einmalige gotische Wandgemälde aus dem 14. Jahrhundert, das Feuer, Plünderungen und Artilleriebeschuß überstanden hat. Gleich hinter der U-Bahn-Trasse findet der Besucher dann das moderne Dahlem mit vielen Museen, dem Botanischen Garten und den großzügig angelegten Bauten der Freien Universität.

Eine der ersten Verbindungen zwischen Potsdam und Berlin bildete der Gemeine Weg, der später den Namen Königsweg erhielt. Hier begrüßte Friedrich Wilhelm I., der »Soldatenkönig«, 1731 die wegen ihres Glaubens vertriebenen Salzburger. Der Königsweg führt vorbei an dem 1838 vom Holzinspektor und Salzschiffahrtsdirektor Bensch erbauten »Vorwerk Neu-Zehlendorf«. Aus der Zeit sind bis heute vier Insthäuser und das Gebäude einer Schnapsbrennerei erhalten geblieben. 1859 kam der Hof als »Rittergut Düppel« in die

Hände des Preußenprinzen Friedrich-Karl. Bensch und dem Prinzen verdanken die Zehlendorfer die Aufforstung des Forstes Düppel bis in den Raum um Stolpe. Heute befindet sich auf dem Hof die Veterinärärztliche Fakultät der Freien Universität.

Ein Besuch des Museumsdorfes Düppel zwischen dem Königsweg und der zur Zeit stillgelegten »Stammbahn«, der ersten 1838 eröffneten Eisenbahnlinie Preußens, lohnt sich immer. Nach Ausgrabungen wurde hier ein Dorf aus der Zeit um 1170 in mühsamer Kleinarbeit wieder aufgebaut.

Seit der Jahrhundertwende tragen ausgedehnte Villen- und Landhauskolonien in Wannsee, Nikolassee, Schlachtensee, Zehlendorf-West und Dahlem mit dazu bei, Zehlendorf zu Recht einen »grünen« Bezirk zu nennen. Den schönsten Eindruck von den landschaftlichen Vorzügen des Bezirks vermittelt natürlich eine sogenannte »Dampferfahrt« von den Anlegestellen in Wannsee nach Kohlhasenbrück oder in die andere Richtung, an dem Flensburger Löwen vorbei, zur Pfaueninsel und zur Glienicker Brücke.

Rund um die Zehlendorfer Dorfaue

An jedem Wochentag, kurz nach acht Uhr morgens, beginnt der Einkaufstrubel auf dem breit angelegten Fußgängersteig des Teltower Damms in Zehlendorf-Mitte. Der Betrieb hält bis gegen achtzehn Uhr an und flaut dann ganz plötzlich ab. Um diese Zeit wird Zehlendorf zwar nicht wieder zum Dorf, aber doch zur beschaulichen Kleinstadt. »Hier werden die Bürgersteige abends hochgeklappt«, sagt der Berliner. Und die Zehlendorfer meinen: »Mehr war an den Abenden vor hundert Jahren auch nicht los.«

Vor hundert Jahren – das war die Zeit, als auch in Zehlendorf der Bauboom einsetzte. Das Dörfliche verschwand endgültig und machte dem Städtischen Platz. Das Pasewaldt'sche Haus an der damaligen Ecke Haupt- und Berliner Straße (Woolworthecke) behauptete sich aber da noch einige Zeit in all seiner Stattlichkeit wie für die Ewigkeit erbaut. Und doch mußte es schließlich, bekannt als ehemaliger Erbbraukrug, 1928/29 der Straßenverbreiterung weichen.

Beginnen wir unseren Spaziergang durch den Ortskern an dieser historischen Ecke. Eine zum 750. Jubiläum Zehlendorfs 1992 am Eckhaus angebrachte Gedenktafel erinnert daran, daß der Braukrug, bevor er 1761 in den Besitz der Familie Pasewaldt gelangte, der aus Böhmen stammenden Familie Süßmilch gehörte, und daß Johann Peter Süßmilch (1707 bis 1767), Probst von Berlin-Cölln an der Petrikirche und Begründer der Demographie (Bevölkerungsstatistik), in diesem Haus geboren wurde. Hier unterhielt er von 1754–1756 die erste täglich

11

Der Zehlendorfer Erbbraukrug, in dem Johann Peter Süßmilch 1707 geboren wurde, ging 1761 in den Besitz der Familie Pasewaldt über und wurde 1928/29 abgerissen

verkehrende Postverbindung (Journalière) zwischen Potsdam und Berlin. Die Geschichte des Kruges geht jedoch bis ins 13. Jahrhundert zurück. 300 Jahre lang, von der ersten Erwähnung 1242 bis 1542, war das Dorf im Besitz des Zisterzienserklosters Lehnin, bevor es in die kurfürstliche Verwaltung überging. Damals bezogen die Mönche auf ihren Wegen hier Quartier.

Die Dorfaue, die in ihrer Vergangenheit viel ausgedehnter und sicher auch schöner war, ist häufig verändert worden, bevor man in den Nachkriegsjahren auf den Gedanken kam, den uralten Dorfteich einfach zuzuschippen.

An der Stelle des in den letzten Jahren an der Potsdamer Straße errichteten Neubaus stand früher das Bauerngut Nr. 2, in das um 1813 ein Friedrich Zinnow aus Stolpe einheiratete. Gleich dahinter gab es seit 1818 die ersten beiden Zehlendorfer Posthäuser. In dem größeren war die Redaktion des »Zehlendorfer Anzeigers« zu Hause. Heute steht an der Stelle das am 21. Dezember 1930 eingeweihte evangelische Gemeindehaus, das, von Carl Steinberg entworfen, damals etwas zu großartig geraten war mit den beiden Seitenflügeln und den hohen Saalfenstern. Der Pfarrer Mann nannte den Stil des Gebäudes eine Erinnerung an die Architektur friderizianischer Zeit bzw. eine Weiterführung des preußischen Barock. Frau Schultz, geb. Pasewaldt, stiftete das Grundstück für den Bau und ein Standbild Martin Luthers, der auf zwei Kinder herabblickt. Das vom Dahlemer Professor Lewin-Funcke geschaffene Denkmal ging im Krieg den Weg allen Buntmetalls. Eingeschmolzen wurde es aber aller Wahrscheinlichkeit nach nicht, denn ein Zehlendorfer Bürger will es nach dem Krieg in einer Lagerhalle in Hamburg entdeckt haben. Danach verloren sich die Spuren.

Den gesamten Raum zwischen der Dorfaue, der Kirch- und der Martin-Buber-Straße nahm einmal das Lehnschulzengut ein, dessen landwirtschaftlicher Betrieb 1880 eingestellt wurde. Vor und nach der Jahrhundertwende nutzte der Fuhrunternehmer Gustav Thielecke den großen Hof für sein Geschäft. Alles, was während der Aufbauzeit in Zehlendorf an Baumaterial gebraucht wurde, transportierten Thieleckes Leute mit Pferd und Wagen an Ort und Stelle.

Der Chronist Kurt Trumpa berichtet, daß der Dorfschulze unter der Aufsicht des Amtes Mühlenhof die Aufgaben einer Polizei und zugleich die niedere Gerichtsbarkeit ausübte. Die Namen der amtierenden Schulzen sind bis in die kurfürstliche Zeit bekannt. Nicht immer waren die Schulzen auch die Bewirtschafter des großen Gutes. So berichtete schon der Zehlendorf-Chronist Ernst Ferdinand Schäde (1772–1861) von mehreren Pächtern.

Die stattliche Villa, in der sich heute das Standesamt befindet, ließ sich die Miterbin des Gutes, die unverheiratete Sidonie Scharfe (1834–1909) im Jahre 1892 als Altensitz vom Maurermeister Schirmer bauen. Ihre Initiale ist oben am Giebel des Hauses zu erkennen. Sie schenkte nicht nur der evan-

Das Grundstück des ehemaligen Lehnschulzengutes. Von rechts:
die 1905 eingeweihte Pauluskirche, das 1903 errichtete Pfarrhaus und
das neue Haus der Familie Pasewaldt. Auf dem freien Gelände hinter
der Kirchstraße steht seit 1929 das Rathaus. Foto um 1920

gelischen Gemeinde das Grundstück, auf dem seit 1905 die
Pauluskirche und das Pfarrhaus stehen, sie stellte auch 40.000
Goldmark für den Bau einer großen Heimstatt für ältere
Zehlendorferinnen zur Verfügung (Sidonie-Scharfe-Stiftung in
der Scharfestraße 4–10).

Die Landgemeinden Wannsee, Nikolassee und vier Guts-
bezirke eingeschlossen (das Gut Düppel kam später hinzu),
wurde Zehlendorf 1920 Berliner Verwaltungsbezirk. Das neue
Rathaus konnte jedoch erst 1929 bezogen werden. Der Architekt Eduard Jobst Siedler baute dem Bezirk ein Verwaltungs-
gebäude, das auch heutigen Ansprüchen gerecht wird. Erweiterungsbauten kamen 1954 und 1971 hinzu.

Im nördlichen Teil des Dorfes, in der Höhe der heutigen
AOK, gab es damals eine Schmiede, die bereits 1518 Erwähnung fand. Mit dem Schmiedemeister, der aus Dahlem hier

14

Das Wohnhaus der Familie Gaebert, Hauptstraße 20, Ecke Kirchstraße,
bevor es dem neuen Rathaus weichen mußte

einheiratete, soll die Gemeinde aber nicht ganz zufrieden gewesen sein. So entstand 1812 eine zweite Schmiede direkt am
Dorfteich, die Friedrich Wilhelm Kersten 1839 kaufte. Er war
es auch, der um 1860 die Kastanie pflanzte, die später den
Platz vor dem Rathaus zierte, damit die auf den Beschlag war-
tenden Pferde in der sommerlichen Wärme Schatten fanden.
Der Baum mußte vor ein paar Jahren durch einen jüngeren
ersetzt werden. 1892 verlegte der Sohn August »der Starke«
die Schmiede auf den Hof seiner beiden neugebauten Wohnhäuser. Ein Blick durch die Fenster auf die Doppelesse ist dem
Besucher auch heute noch, nach mehr als hundert Jahren, gestattet.

Gegenüber, auf der östlichen Seite des Teltower Damms,
der vor dem Krieg zwischen dem Bahnhof und der Scharfestraße »Haupt-Straße« hieß, benannt nach der alteinsässigen

Bauernfamilie Haupt, steht die im Herbst 1894 von Eugen Berthold eröffnete Adler-Apotheke. Auch dieses Haus besitzt die zwiebelturmartigen Verzierungen nicht mehr, die der Architekt und Zehlendorfer Schöffe Ernst Wilski ihm gegeben hat. Sie wurden in den letzten Tagen des Krieges weggeschossen. Nicht anders erging es den Dachgiebelverzierungen der 1898 gegründeten Eisenwarenhandlung Gustav Wurl am Teltower Damm 30.

Die alten Zehlendorfer Handwerker und Kaufleute waren als sehr geschäftstüchtig bekannt, hatten aber trotzdem viel Verständnis für ihre nicht so gut gestellten Mitbürger, die es auch in diesem gutsituierten Bezirk gab. So erinnert sich der Chronist noch gut an den Schuhmachermeister Gericke am Teltower Damm 19, der seinem Mitte der dreißiger Jahre aus Polen eingewanderten Cousin – kaum des Deutschen mächtig – nicht nur das Schusterhandwerk beibrachte, sondern ihn auch noch prächtig herausfütterte. In den dreißiger Jahren entstanden die Wohnlauben der »Kolonie Feierabend« am Ende der Berlepschstraße. Da waren es in der Hauptsache die Brüder Wurl, die den Leuten Nägel, Dachpappe oder Werkzeuge gegen eine Anzahlung, doch ohne besondere Aufschläge, überließen. Schließlich würden das einmal die Kunden von morgen sein.

Der »Fürstenhof« am Bahnhof mit seinem schattigen Vorgarten war einst ein kleines Wohnhaus. Erst seit 1893 führte er den stolzen Namen und ist einmal Treffpunkt der Zehlendorfer Hautevolee gewesen. 1943 beschädigten Bomben das Haus, das nach dem Krieg ein recht trostloses Dasein führte und langsam verfiel, ehe es zu einem originalen Wiederaufbau durch das Bezirksamt kam.

Der Abzweig des Teltower Damms, der auf die Anhaltiner Straße stößt, gehört zur ursprünglichen Dorfanlage. Hier befand sich der alte Weg der Mönche nach Südwesten in Richtung Kloster Lehnin und von 1838 bis zum Bau der Unterführung 1891 der Eisenbahnübergang.

Kehren wir dem Verkehrslärm den Rücken. Das langgestreckte und geduckte Haus der Firma Elektro-Müller stammt aus der Mitte des vorigen Jahrhunderts und lag am Südrand der Kossätenstelle des Müllers. Das Haus des Müllermeisters Lorenz stand noch bis 1976 an der Stelle der heutigen Volksbank, während eine bereits 1375 erwähnte Bockwindmühle bis 1876 oberhalb des Dorfes in Höhe der Mühlenstraße zu finden war.

Das Wohnhaus des Bahnmeisters Schröder auf dem Platz vor dem 1903 eröffneten Postamt verschwand 1892. Das ist deswegen interessant, weil der Zehlendorf-Chronist Paul Kunzendorf hier wohnte, der einmal als Sommerfrischler in den Ort gekommen war und mit seiner Familie seßhaft wurde. Kurt Trumpa nennt ihn »die Seele des ›Zehlendorfer Anzeigers‹ und des Vereinslebens zur Kaiserzeit«.

Wir folgen der Martin-Buber-Straße und gehen ein kurzes Stück in die Beuckestraße hinein. Es ist erstaunlich, wie sich der Baustil der beiden höheren Schulen in nicht einmal zehn Jahren verändert hat. Da ist das vom Baumeister Jänicke errichtete, 1904 eingeweihte Gymnasium mit seinen geschwungenen Giebeln, den hohen spitzen Dächern, Bögen und Ziertürmchen, alles recht verspielt wirkend. Und daneben die 1913 eröffnete Oberrealschule (Schadow-Schule), für deren Gestaltung die Baumeister Mebes und Krug eine zweckdienliche Nüchternheit und Sachlichkeit wählten, die nur von den hohen Säulen der Eingänge und von einem Uhrenturm unterbrochen wird.

Rathaus und Paulus-Kirche bleiben auf der rechten Seite zurück, während uns zur linken die 1930 von Prof. Hugo Lederer geschaffene Bärengruppe, »Berlin mit seinen Bezirken« darstellend, erwartet. Niemand weiß so recht, warum die Bären ihren angestammten Platz vor dem Rathaus verlassen mußten und sich eines Tages vor dem Finanzamt wiederfanden. Beim Vergleich mit der ihre Jungen säugenden Bärenmutter und dem Finanzamt mag bei den Zehlendorfern wohl öfter die Frage aufgetaucht sein: Nährt die Stadt wirklich ihre Bezirke oder ist es nicht eher umgekehrt?

17

Am 1880 erbauten »Gasthof zur goldenen Sonne« vereinten sich
die Königstraße, die Potsdamer Chaussee und die Spandauer Straße.
Rechts das 1896 erbaute Haus der Familie Bathe. Foto um 1910

Am großen Platz vorn an der Potsdamer Straße – später
Standort für ein häßliches Hochhaus – mündet die Königstraße als Verlängerung des Königsweges. Hier trifft die Potsdamer Chaussee auf die Stadt, und hier endete einst der von
Spandau kommende Weg. Für die Familie Bathe war das 1823
Anlaß genug, auf der rechten Seite der Spandauer Straße (Onkel-Tom-Straße) ein Gasthaus zu eröffnen. 1880 verlegten Julius und Marie Bathe den »Gasthof zur goldenen Sonne« auf
die gegenüberliegende Straßenseite, wo er heute noch steht,
nachdem ein Abriß in letzter Minute verhindert werden konnte. Am ursprünglichen Ort bauten die Bathes ein stattliches
Wohnhaus und folgten damit der Bauernfamilie Dubrow, der
Maurermeister Schirmer 1890 das Eckhaus Onkel-Tom-Straße 1 errichtet hatte.

»Den Schmiedemeister Krause schräg gegenüber in Nummer 6, den nannten wir früher nur ›Schmidt-Krause‹«, erzählt

Wie das Neue mit dem Alten in Einklang kommen kann, zeigt die
Bebauung des »Kastanienhofs« auf dem ehemals Zinnowschen
Grundstück am Probst-Süßmilch-Weg. Foto von 1994

Hildegard Wöhler, die Tochter von Reinhold Bathe, der seinerzeit Kommandant der Zehlendorfer Schützengilde war.
»Dann folgte der Schmied Schweingel, der nun wiederum Pro-
bleme mit seinem Namen hatte, den er aber auf keinen Fall
ändern wollte.«

Der Hof der 1861 gegründeten Meierei Spiegel in der Onkel-
Tom-Straße 12 ist beinahe in seiner alten Form erhalten geblieben, obwohl es den Betrieb, zuletzt als Meiereizentrale,
seit 1984 nicht mehr gibt. Von hier aus fuhren Otto Spiegels
»Bimmelwagen« bis 1945 jeden Morgen zu den Kunden. 50
Milchkühe standen einmal in den Ställen, und an die 40 Mitarbeiter waren hier tätig. Anneliese Spiegel erzählt: »Einheit-
lich trugen die Kutscher und die Milchjungen blaue Mützen,
blaue Jacken und weiße Schürzen.« Gleich nebenan, Wand an
Wand, die 1908 erbaute Feuerwache, die sich jetzt in der Char-
lottenburger Straße befindet. An der Ecke zur Pasewaldtstra-

ße gab es einmal Zehlendorfs größten Wochenmarkt. Eine Siedlung mit freundlich gestalteten Wohnhäusern steht nun an seiner Stelle. Vorn an der Clayallee der gefällig ausgebaute »Kastanienhof« mit Geschäften, einem Restaurant und Platz für den neuen Wochenmarkt. Die gesamte Passage hat den Namen Probst-Süßmilch-Weg erhalten.

Nach rechts gehend, kommen wir allmählich zu unserem Ausgangspunkt an der großen Kreuzung zurück. Otto Bethge, der Schwiegersohn des Bauern Zinnow, ließ das Zinnowsche Haus (Clayallee 347/49) 1904 zu einer Villa umbauen. Viel hätte nicht gefehlt, und auch dieses schöne Haus wäre der Spitzhacke zum Opfer gefallen. Die Grundkreditbank ließ es 1981 vollkommen renovieren, so daß uns der klassizistische Bau wenigstens äußerlich erhalten geblieben ist.

Renoviert wurde auch das 1900 und 1909 an das alte Schulhaus angebaute Gemeindeamt, das als Zehlendorfs erstes Rathaus betrachtet werden kann, denn nur kurze Zeit reichte der Verwaltung des neuen Stadtbezirks das 1828 erbaute Schulhaus, in dem Zehlendorfs erster Bürgermeister Hugo Köster (1859–1920) seinen Amtssitz hatte. Die Einwohnerzahl stieg damals von 6.031 Bürgern im Jahr 1895 auf 12.647 im Jahr 1905.

Eine Schule gab es seit 1730 im Dorf, doch erst ab 1767 wurden die Kinder von einem ausgebildeten Lehrer unterrichtet. Ab 1793 war Ernst Ferdinand Schäde Lehrer und Küster, und zwar 61 Jahre lang. Ihm gelang es, den Bau des Schulhauses an der Kreuzung durchzusetzen. Es gab nur einen großen Klassenraum. Die restlichen Räume bewohnte der Lehrer mit seiner Familie. Heute befindet sich das Heimatmuseum im Schulhaus, und es besteht die Möglichkeit, auch in Sonderausstellungen, die Geschichte des Dorfes etwas eingehender zu studieren.

Absichtlich findet sich die Geschichte des ältesten noch erhalten gebliebenen Bauwerks des Dorfes (im Bezirk gibt es ältere Bauten) am Schluß unseres Spazierganges.

Cedelendorp besaß ursprünglich eine alte, immer baufäl-

Die Freiwillige Feuerwehr mußte in die heutige Onkel-Tom-Straße umziehen, als das Gemeindeamt 1900 und 1909 hinter dem alten Schulhaus gebaut wurde. Foto von 1994

liger werdende Feldsteinkirche. Der Siebenjährige Krieg gab dem Gotteshaus dann den Rest. Friedrich der Große, der auf seinen Reisen zwischen Berlin und Potsdam die Pferde im Ort wechseln lassen mußte, ärgerte sich immer wieder über den erbarmungswürdigen Zustand und ordnete schließlich einen Neubau an. Er beschimpfte die Bürger höchstpersönlich: Sie sollten ihre Zeit nicht im Dorfkrug verbringen und ihr Geld nicht für Bier vergeuden, sondern vielmehr für den Bau einer neuen Kirche sorgen. Er ging mit gutem Beispiel voran und stiftete 6.000 Taler und das Bauholz. Doch der beauftragte Baukonduktur verschwand eines Tages mit dem Vorschuß von 3.000 Talern, die er in Berlin verjubelt haben soll.

So wurde 1768 mit dem verbliebenen Geld diese Dorfkirche gebaut – und natürlich wesentlich kleiner als ursprünglich geplant. Zwanzig Jahre lang gab es auf dem Runddach einen Holzturm, der abgebrochen werden mußte, weil er für die Glocken nicht stabil genug gebaut war. Friedrich dachte natürlich überhaupt nicht daran, den Zehlendorfern das entwendete Geld zu ersetzen.

lohnt sich nicht!

Vom Bahnhof Zehlendorf zum Dorf Schönow

Im Vergleich zu den renovierten Bahngebäuden der S-Bahnhöfe Mexikoplatz oder Nikolassee sieht der Bahnhof Zehlendorf heute immer noch recht kläglich aus, obwohl seit der Zerstörung des Empfangsgebäudes durch Fliegerbomben mehr als fünfzig Jahre vergangen sind. Und dabei hat die Geschichte der ersten Eisenbahn Preußens einmal hier angefangen.

Am 21. September 1838 berichtete der Redakteur der Vossischen Zeitung Ludwig Rellstab über die »langersehnte offizielle Eröffnung der Teilstrecke Potsdam–Zehlendorf« mit den beiden Lokomotiven »Adler« und »Pegasus«. »Vorerst sollen täglich zwei Züge von Potsdam nach Zehlendorf und wieder zurück fahren«, hieß es in einer Bekanntmachung, in der das Generalpostamt und das Kremser-Fuhrwesen auf die neuen Fahrmöglichkeiten hingewiesen wurden. Ab 29. Oktober 1838 fuhr die Bahn von Zehlendorf weiter nach Berlin. Die alte »Stammbahn« mit ihren in kurzen Abständen verkehrenden Eil-, Vorort- und Güterzügen gibt es seit dem Kriegsende nicht mehr. Mit dem Bau der Wannseebahn im Jahre 1874, die in Zehlendorf von der Stammbahn abzweigte, vollzog sich die Wandlung des Dorfes zum Vorort Berlins.

Bereits vor dem Bau des zweiten Zehlendorfer Bahnhofs 1891 meldeten sich Kritiker zu Wort, die die vorgesehene Unterführung der Teltower Straße unter den Bahnkörpern für unzureichend hielten. Ganz erstaunlich, wo es doch damals nur Kutschen, Kremser und andere Pferdegespanne gab. Die

Bahnhof Zehlendorf mit Restaurant Fürstenhof um 1905

Eingabe des Postsekretärs Fiebelkorn, der die Initiative leitete, beim preußischen Minister von Maybach war vergebens. So sammelte sich bis in die vierziger Jahre nicht nur das Regenwasser bei jedem Gewitter in der abgesenkten Unterführung. Bis zum heutigen Tag staut sich der zunehmende Straßenverkehr aus den Richtungen Kleinmachnow und Teltow vor diesem »Zehlendorfer Nadelöhr«.

Wir folgen dem stark befahrenen Teltower Damm jedoch nur ein kurzes Stück nach Süden. Das erste, mit Fachwerk verzierte, von Zimmermeister Eichelkraut gebaute Bahnhaus an der Hampsteadstraße, die einmal Bahnhofstraße hieß, ist verschwunden, ebenso die nach dem Krieg entstandene hölzerne Ladenstraße vor der leichten Anhöhe des Mühlenberges, die als Notlösung gedacht war, um in Zehlendorf-Mitte mehr Raum für Ladengeschäfte zu schaffen. Eine belebte Einkaufszeile ist das jedoch nie geworden. Heute erhebt sich an der Stelle ein klotziges Geschäftshaus.

Drüben an der Ecke der Machnower Straße steht ein altes

24

viereckiges Backsteinhaus, von 1883 bis 1903 das Zehlendorfer Postamt, bevor das »Kaiserliche Postamt« an der Kaiserstraße (Martin-Buber-Straße) in Betrieb genommen werden konnte. Die heutige untere Etage des Hauses soll ursprünglich der Keller gewesen sein, der bei den Absenkungen der Straßen zur Bahnunterführung ans Tageslicht kam.

»Wieso ham die denn ausjerechnet in Zehlendorf eenen Weg nach dem ollen Bundestrainer Herberger benannt, wo der doch aus Mannheim kam?« hat einmal ein Mann seine Frau im Autobus gefragt. Doch Zehlendorfer, die sich dafür interessieren, wissen, daß die zur Mühlen- und Prinz-Handjery-Straße führende Passage hinter dem erhalten gebliebenen Haus der »Eiskonditorei Anneliese« nach dem Herberger benannt wurde, der 1665 Amtsschreiber des Zehlendorf verwaltenden Amtes Mühlenhof war. Er arbeitete nach dem Dreißigjährigen Krieg für das Dorf eine »Gemeine Dorf-Ordnungk« aus, die den Menschen wieder ein ersprießliches Zusammenleben nach Rechten und Gesetzen ermöglichen sollte. Einer findigen Zehlendorferin und dem Heimatverein ist es zu verdanken, daß dieses interessante Gesetzeswerk von Christoph Herberger erhalten geblieben ist. Hier ein Gebot daraus: »Nicht weniger sollen auch der Unterthanen Weiber und Kinder sich friedlich verhalten …« Frauen und Kinder waren demnach keine Untertanen. »Die Eltern sollen die Kinder strafen und zufrieden halten …«

Nikolaus Prinz von Handjery, von 1870 bis 1885 Landrat des Kreises Teltow, gab der gut einen Kilometer langen Parallelstraße des Teltower Damms seinen Namen. Die zum Teil mit Kopfsteinpflaster versehene Straße führt den Spaziergänger unter alten schattigen Bäumen hinauf bis zum Heinrich-Laehr-Park. Irgendwann in den siebziger Jahren wurde der von einem vergoldeten Hermes (heute im Heimatmuseum) gekrönte kleine Tempel abgerissen, so, wie in Zehlendorf viele erhaltenswerte Bauten einfach abgerissen wurden. Ein Berliner Cafétier, der Kaffeehausbesitzer Ferdinand Keck, der sich 1878 an der Prinz-Handjery-Straße in ländlicher Abgeschiedenheit den »Lindenhof«, eine prächtige Villa mit 17 Zimmern, bauen ließ, hatte den auf Steinquadern ruhenden Tempel, dessen sieben Säulen eine Kuppel trugen, als sichtbares Zeichen seiner Wohlhabenheit aufstellen lassen. Jetzt ist hier nichts mehr geblieben aus der Zeit echter oder nachgeahmter Grandseigneure.

Weiter oben an der Straße, kurz vor dem Schönower Park, stößt man auf zwei mit Fachwerk versehene Landhäuser. In dem einen wohnte Albert Südekum, preußischer Finanzminister in der Regierung Ebert, in dem anderen Pfarrer Paul Göhre, der nach 1918 Staatssekretär im Reichsinnenministerium war. In der kleinen Villa schräg gegenüber soll es Ende der zwanziger Jahre im Zusammenhang mit fehlgeschlagenen Waffengeschäften zum Freitod des damaligen Besitzers gekommen sein.

Was aber interessanter ist, Aman Ullah, von 1919 bis 1929 letzter König von Afghanistan, war 1925 Gast in dem kleinen Haus und soll sich dort unsterblich in eine Berlinerin (ob sie aus Zehlendorf stammte, ist nicht bekannt) verliebt haben. Die Berliner sangen damals den Schlager vom »verliebten Bimbambulla«.

Auf einem kleinen, mit Eisengittern umzäunten Privatfriedhof im Schönower Park, unter einem von Prof. Elster gestalteten Denkmal, liegen die Gräber des Geheimrats Prof. Dr. Heinrich Laehr und seiner Frau. Als die Nationalsozialisten den Park sperren und allein für ihre Zwecke benutzen wollten, protestierten die Zehlendorfer, die *ihren* Heinrich Laehr weiterhin ungehindert besuchen wollten. Laehr wurde nicht nur durch die »Irrenheilkunde«, wie man das seinerzeit nannte, über die Grenzen des Landes hinaus bekannt, er veränderte auch die Landschaft im Süden Zehlendorfs. Am 17. Dezember 1853, ein Jahr nach dem Ausbau der Straße nach Teltow, kaufte der 1820 in Schlesien geborene Mediziner das zwischen Zehlendorf und dem Dorf Schönow auf dem sogenannten »Galgenberg« gelegene Halbbauerngut »Schweizerhof« von einem Kaufmann Krause. Hier, weit draußen vor

26

1854, kurz nach dem Ausbau der Straße nach Teltow,
konnte Heinrich Laehrs »Asyl Schweizerhof« seiner Bestimmung
als Nervensanatorium übergeben werden

der Stadt Berlin, wie er selber schrieb, »auf sandiger Höhe«,
wollte Laehr, der auch landwirtschaftliche Kenntnisse besaß,
seine bahnbrechenden Ideen verwirklichen, die Heilung see-
lisch Erkrankter nicht mit den bisher üblichen Medikamenten
erreichen, sondern durch die Heilkräfte der Natur und den
freizügigen Umgang mit- und untereinander sowie mit Hilfe
körperlicher und geistiger Betätigung.

Das anfangs 156 Morgen große Gelände lag zwischen der
Prinz-Handjery-Straße im Osten und der Johannisstraße im
Westen und erstreckte sich 1863, nach dem Erwerb weiterer
200 Morgen, bis in die Nähe des Dorfes Schönow. 1854 konnte der von den Bauunternehmern Schuffenhauer und Eichelkraut errichtete Zentralbau des »Asyl Schweizerhof« eingeweiht werden. Weitläufige Anlagen entstanden in den Jahren
bis zum Ersten Weltkrieg für rund einhundert, aus wohlha-

27

Die 1970 auf dem Laehr'schen Areal eröffnete John F. Kennedy-Schule (re.) wurde in den letzten Jahren wesentlich erweitert (li.)

benden Kreisen stammende Patientinnen, während das Personal aus zweihundert Personen bestand. Nach einem Pavillon-System baute man in den Parkanlagen ringförmig einzelne Häuser für die Patientinnen.

Kurt Trumpa berichtet, daß den Kranken sage und schreibe an die zwanzig Kilometer Spazierwege zur Verfügung standen. Man mag das eigentlich kaum glauben, aber der große Heinrich-Laehr-Park mit den beiden sich kreuzenden Baumalleen, in dem Laehr sogar Wild gehalten haben soll, gehörte ja auch dazu. So entwickelte sich hier, wo auf alten Landkarten nur weite Felder zu erkennen sind, eine heute nicht mehr wegzudenkende Parklandschaft.

Laehr, der auch seine eigene Landwirtschaft wie Obst- und Gemüseanbau betrieb, verstarb 1905, nachdem er die Anstalt seinen Söhnen übergeben hatte. In der Inflationszeit mußte auch das »Asyl Schweizerhof« seine Pforten schließen. Der Nachwelt erhalten geblieben ist nur noch das nach dem Psychiater Reil benannte, von Martin Gropius 1860 entworfene Pavillon-Haus, das heute fremd und kaum beachtet, wenn nicht sogar störend, zwischen den modernen Betonbauten der John F. Kennedy-Schule steht.

Heute finden wir auf dem Laehr'schen Areal eine ganze Schullandschaft vor. Eine Fläche von 37.740 Quadratmetern nimmt die von Harald Deitmann entworfene, 1970 fertiggestellte und in den letzten Jahren wesentlich erweiterte John F. Kennedy-Schule in Anspruch, hinter deren Sportanlagen ein breiter begrünter Promenadenweg zur Leo-Baeck-Straße führt. 1991/92 besuchten rund 1.280 Schüler die deutsch-amerikanische Schule, davon 552 US-Schüler, 700 deutsche und 31 Schüler anderer Nationen. Nach dem Abzug der amerikanischen Streitkräfte 1994 wird sich die Zusammensetzung wesentlich verändert haben.

Gleich daneben, in der Leo-Baeck-Straße, liegt die in den sechziger Jahren gebaute Schweizerhof-Grundschule. An dieser Stelle haben Schüler der Schadow-Schule 1926 ein Urnengräberfeld der Semnonen entdeckt, die etwa 200 Jahre nach der Zeitrechnung nach Süden weitergezogen sind und anderen germanischen Stämmen Platz machten. Vorn am Teltower Damm befand sich ein Rehazentrum für behinderte Kinder. Die hier ansässige, nach dem Mitbegründer und einstigen Chefarzt des Oskar-Helene-Heims Prof. Dr. Konrad Biesalski (1868–1930) benannte Behindertenschule ist inzwischen in eine der freigewordenen amerikanischen Schulen am Hüttenweg umgezogen. Gegenüber, wo einmal die Rieselfelder und Gemüsegärten des »Schweizerhof« lagen, steht vor der evangelischen Kirche »Zur Heimat« das 1964 erbaute Auditorium maximum der Kirchlichen Hochschule neben anderen Studieneinrichtungen wie Bücherei und Studentenwohnheim.

Der Weg durch den leider nicht mehr so gut wie früher gepflegten Heinrich-Laehr-Park führt am Krankenhaus Schönow vorbei, einer Klinik für Geriatrie. »Dieses Gebäude am Teltower Damm in Höhe des Nieritzweges, an Türmchen und Uhr weithin erkennbar, hat in gewandelter und erweiterter

Am 3. Dezember 1899 wurde das »Haus Schönow« als Nervenheilstätte
für minderbemittelte Kranke eröffnet. Heute ist es eine Klinik
für Geriatrie. Foto von 1914

Form als Hospital den Abbruch des Mutterhauses in den
sechziger Jahren überlebt«, schreibt Kurt Trumpa in »Zehlendorf gestern und heute«. Mit dem Mutterhaus war Laehrs
»Schweizerhof« gemeint.

Mit dem »Haus Schönow«, das am 3. Dezember 1899 eröffnet wurde, wollte die Familie Laehr (die Söhne Hans, Georg, Max und der Schwiegersohn Arnold Hohlfeld waren
ebenfalls Ärzte, während Sohn Konrad die Landwirtschaft leitete) ein Versäumnis nachholen oder besser gesagt, sie wollten eine Lücke schließen in den Reihen behandlungsbe-
dürftiger Menschen. So wurde das »Haus Schönow« mit 130
Betten – darunter *ein* Freibett – eine Anstalt für minderbemittelte Nervenkranke. Es gab zwei Pflegeklassen, eine für
sechs bis sieben und eine zweite für vier Mark pro Tag. Neben
den Laehrs gehörten bekannte Persönlichkeiten dem Stif-
tungsverein an, u.a. die Verleger Rudolf Mosse und Julius
Springer, der Schultheißdirektor Kurt Sobernheim, Fräulein

Nur noch wenige alte Häuser zeugen vom
dörflichen Charakter Schönows

von Bodelschwingh und die Zehlendorfer Gutsbesitzerstoch-
ter Sidonie Scharfe. Auch diese Einrichtung überlebte die Inflationszeit nur um wenige Jahre. Bis zur Wiederbelebung
nach 1945 als Altenheim und Krankenhaus wurden die Gebäude anderweitig genutzt.

Von hier bis zum Dorf Schönow sind es nur zehn Minuten
Fußweg. Nach der Straße Alt-Schönow muß man heute schon
etwas suchen. Verantwortungslos ist man da besonders in der
Nachkriegszeit mit dem Bestand an alten Häusern und Höfen
umgegangen. Zwar hat die Sackgasse immer noch ihr altes
Kopfsteinpflaster, und eine Anzahl schöner Kastanienbäume
lockt den Spaziergänger im Frühjahr, wenn alle ihre prächtigen Kerzenblüten aufgesteckt haben, doch viel mehr ist nicht
geblieben vom alten Dorf.

Der Ort, von dem Trumpa meint, »Schönow ist ein Dorf,
von dem selbst der eingeborene Zehlendorfer wenig weiß«,
wirkt eher trostlos als idyllisch. Tief- und Gartenbaufirmen

31

haben sich niedergelassen, und häßlich aussehende Lager-
plätze von Baustoffirmen verunzieren die Gegend schon am
Beginn der Straße.

Dabei hat auch Schönow eine lange eigene Geschichte. Es
wurde 1299 zum ersten Mal erwähnt, als Markgraf Hermann
von Brandenburg in einer in Spandau ausgestellten Urkunde
dem Bischof Volrad von Brandenburg die Überlassung der
Stadt Teltow und der Dörfer Giesendorf, Heinersdorf, Stahns-
dorf, Ruhlsdorf und Schönow als Schuldabtragung von
300 Mark Silber zusagte. Mit einer Mark Silber war ein Silberbarren von 233 Gramm gemeint.

Vor dem Bau des Teltow-Kanals (1900–1906) gab es den
16 ha großen Schönower See und östlich davon, etwa zwischen Seehof und der Zehlendorfer »Spinne«, den Teltower
See, der 61 ha umfaßte. Die verbliebenen Wiesensenken mit
den Pferdekoppeln vermitteln dem Städter auch heute noch
ein ländliches Bild. Neun Bauern und fünf Kossäten bewirt-
schafteten vor dem Dreißigjährigen Krieg ca. 2.400 Morgen
Land, das »alle Zeit vom Winde mit Sand übertrieben wurde«. So bauten sie hauptsächlich Roggen und Hafer an. Den
dreißigjährigen Krieg überlebten nur drei Bauern. Erst 1801
hatte das Dorf die alte Einwohnerzahl von 80 bis 90 Personen
wieder erreicht.

Seit 1450 gab es östlich der Teltower Straße auch ein Rittergut. Der »Adlige Hof« war fast zweihundert Jahre lang im
Besitz des Geschlechts derer von Liepe. Auch die von Beeren
und die Willmerstorffs waren hier zeitweilig ansässig. Der
Berliner Besckow war der letzte Gutsbesitzer. Er stiftete 1894
das Grundstück für die Dorfschule, deren gelben Backstein-
bau wir heute noch am Kleinmachnower Weg finden. Die
Schule existierte nur bis 1914. Von da an besuchten die Kinder
die Zehlendorfer Süd-Schule.

Vor der Schule liegt der kleine, 1831 angelegte Friedhof,
der 1968 offiziell geschlossen wurde, aber erhalten bleiben soll.
Am 21. September 1894 wurde das bis dahin selbständig ver-
waltete Dorf nach Zehlendorf eingemeindet. Noch bis in die

Noch bis zu Beginn der dreißiger Jahre wurde auf der Schönower
Feldmark Getreide angebaut und geerntet. Im Hintergrund
die Schornsteine der Spinnstoffabrik Zehlendorf. Foto von 1926

dreißiger Jahre gab es vor Schönow, besonders westlich des
Teltower Damms, weite Kornfelder. Das kleine Zollhäuschen,
das seit dem Ausbau der Teltower Straße im Jahr 1852 der am
Dorfanger beginnenden Straße »Am Gutshof« gegenüber-
stand, wurde in den fünfziger Jahren abgerissen. Erhalten geblieben sind im Dorf nur noch zwei ältere Wohnhäuser, das
Zinnow'sche Haus, Alt-Schönow 1 a, sowie das Haus des
1860 eröffneten Dorfkrugs am Teltower Damm 300, dessen
erster Wirt ein Italiener war. Bedauerlicherweise steht auch
hier der Abriß bevor.

Dem allgemeinen Ortsbild gut angepaßt hat sich Professor
Schuke mit seiner Orgelbauwerkstatt am Ende der Straße Alt-
Schönow 7b. Bis 1966 war die 1950 aus der Orgelbau-Anstalt
Alexander Schuke in Potsdam hervorgegangene Orgelbau-
werkstatt Karl Schuke in Lichterfelde ansässig gewesen, ehe
sie hier ihr neues Domizil fand. Die Orgeln von Schuke sind in

der ganzen Welt bekannt und haben den Namen Schönow sogar bis nach Japan getragen.

Der Königsweg

Heute verläuft der achteinhalb Kilometer lange Königsweg (mit Königstraße) von Zehlendorf-Mitte aus in schnurgerader Richtung auf Kohlhasenbrück zu. Landkarten von 1775 und 1780 zeigen uns, daß es nicht immer so war. Nachdem der Soldatenkönig Friedrich Wilhelm I. (1688–1740) den Weg – und mehr als ein Weg war es ja nicht – 1730 ausbauen ließ, schlängelte er sich im Zehlendorfer Bereich durch die karge Landschaft, um nach der Durchquerung der »Machenowschen Heyde« und der vorderen »Parforce Heyde« auf das Dorf Stolpe zu stoßen. Von da aus verlief der »Gemeine Weg« durch die Stolpischen Berge auf die Glienicker Brücke zu, die schon zwischen 1660 und 1680 als hölzerne Pfahlbrücke errichtet worden war.

Im Frühjahr 1732 begrüßte der König auf dem Königsweg die aus religiösen Gründen vertriebenen Salzburger, denen er genauso Asyl gewährte wie sein Großvater den Hugenotten.

Nach der Anlage des Platzes Ecke Potsdamer Straße, Martin-Buber-Straße mit dem 1983 aufgestellten Tierfigurenbrunnen von Brigitte Haake-Stamm, beginnt die Königstraße heute im vorderen Teil als kurze Fußgängerpassage. In der Kaiserzeit bildeten das 1892 von dem Zimmermeister Glüer erbaute Hotelrestaurant »Kaiserhof« und das Café des Hofkonditormeisters Hermann Paersch (später Café Funke) den Eingang bzw. die Zufahrt zur Königstraße.

Villen und Landhäuser wie der jetzt kulturell genutzte

35

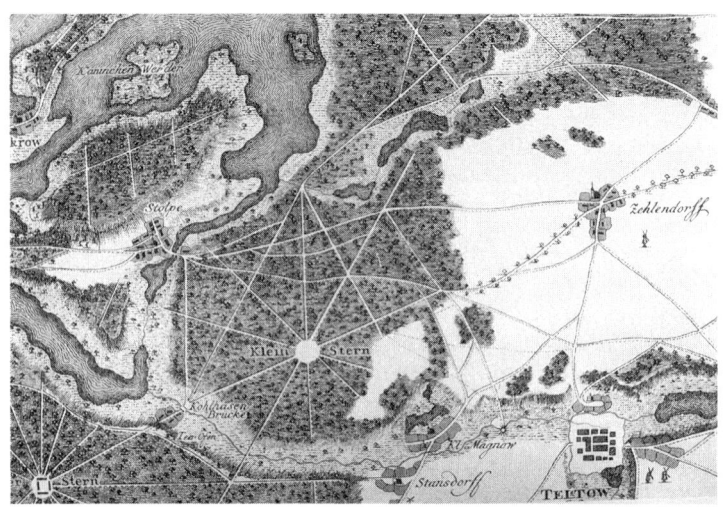

Der Königs- oder Gemeine Weg verlief 1780 innerhalb eines Wegenetzes
über das Dorf Stolpe zur Glienicker Brücke

»Mittelhof«, aber auch mehrere Mehrfamilienhäuser säumen
die kopfsteingepflasterte Straße. Die bekannte Schriftstellerin
Clara Viebig (1860–1952) wohnte fast fünfzig Jahre im Haus
Königstraße 3. Auch der Klassenkamerad des Autors, der
Schriftsteller Georg Lentz (»Molle mit Korn« und »Märkische
Protokolle«) verbrachte seine Kindheit in dem Mietshaus Nr.
29 a vor der ehemaligen Schultheißniederlassung. In seiner unmittelbaren Nachbarschaft wohnte der Maler Lyonel Feinin-
ger (1871–1956), von 1919–1933 Lehrer am Bauhof. 1937 ging
er wieder nach Amerika zurück. Darüber erzählt Lentz:
»… schlug er meiner Mutter vor, sich ein paar von seinen
Gemälden auszusuchen, die auf dem Dachboden lagerten.
Meine Mutter verzichtete, die Bilder gefielen ihr nicht. ›Man
erkennt ja die Natur nicht mehr‹, empörte sie sich.«
    Nach 1870 war die Gegend um die Neue-, Mittel- und
Düppelstraße auf sandigem Boden mit bescheidenen, über-

Die Neue Straße um die Jahrhundertwende

wiegend ein- und zweistöckigen Häusern entstanden, im ganz anderen Stil als das übrige Zehlendorf. Hier hatte der Kohlenhändler seinen Hof, hier waren auch die kleinen Kolonialwarenläden »von der Butter bis zur Schmierseife«, Futtermittelhandlungen oder Fuhrunternehmen, wie das der Familie Eichelkraut. Und hier gab es gemütliche Kneipen.

Hinter der Brücke hat sich einiges verändert in den Jahren. Verschwunden ist die Kleingartenkolonie »Bethge«, klotzige Industriebauten stehen dafür hier, die eine Zufahrtsstraße zur Potsdamer Chaussee benötigten, die nun die Kolonie »Hoppe«, benannt nach einer früheren Gärtnerei, durchschneidet. Dafür ist die Königstraße wieder ruhiger geworden. Alte Karten verzeichnen in dieser Gegend ein Sumpfgebiet mit einem Tränkepfuhl, dessen Abfluß der in südlicher Richtung verlaufende, zwischen 1889 und 1920 für das Pumpwerk am Paul-Mebes-Park begradigte und kanalisierte »Buschgraben« war.

Das Düppeler Gutshaus nach der Renovierung. Es wird heute
von der Universität als Mensa genutzt

Von der Idsteiner Straße aus können wir dem Buschgraben
heute wieder bis zum Teltow-Kanal folgen.

Schon seit der Gründung der »Deutschen Reitschule« am
1. Mai 1930 durch den Dressurreiter Major a.d. Felix Bürkner, der den Düppeler Gutshof von der Stadt Berlin pachtete,
wird die ehemalige Viehkoppel am Königsweg als Reitplatz
genutzt. Bei jedem, der das Gut von früher kennt, wird der
Blick auf die neuen Industriebauten ähnlichen Stallgebäude
der Freien Universität Befremden auslösen. Nur der vierecki-
ge Schornstein der 1838 errichteten Brennerei zeigt, daß da
noch etwas vom alten Gut Düppel übrig ist.

Zwischen 1828 und 1830 ließ der Holzinspektor und Salzschiffahrtsdirektor Friedrich Bensch (1780–1858) »auf dem
Berg«, wie die Zehlendorfer sagen, die ersten Gebäude seines
»Vorwerks Neu-Zehlendorf« errichten, nachdem er 845 Morgen Land, das im Westen bis in die Gegend des Jagdhauses

»Dreilinden« reichte, von einem Leutnant Mumme gekauft hatte.

In den ersten Jahren wurden auch die vier rötlichen Backsteinhäuser für die Landarbeiter gebaut, die sich heute leider in einem sehr schlechten Zustand befinden. Die dazugehörenden Stallgebäude verfallen allmählich. Im vierten Insthaus, das heute fast erdrückt wird von den großen Bauten der Universität, lebte Georg Lentz' Tante Hedwig, die immer sehr stolz darauf war, eine geborene Bensch zu sein. Da konnte man doch in Düppel den Kopf etwas höher tragen.

1855 verkaufte Bensch, dem zu der Zeit auch 1.440 Morgen der Heinersdorfer Heide gehörten, Land, Hof und die Brennerei an den Likörfabrikanten Carl J.A. Gilka, der in Berlin für seinen Kümmellikör bekannt war. Die landwirtschaftlichen Erträge waren wohl doch zu karg.

Nur dreieinhalb Jahre später erwarb Prinz Friedrich-Karl von Preußen (1828–1885) das Anwesen, das er nach seiner »glorreichen« Teilnahme am deutsch-dänischen Krieg und der Erstürmung der Düppeler Schanzen am 18. April 1864 durch die »Gnade Wilhelms I.« »Rittergut Düppel« nennen durfte. Friedrich-Karl richtete ein Gestüt ein, das als mustergültig angesehen wurde. Er kaufte weiteres Land hinzu und betätigte sich in der Forstwirtschaft. Die meiste Zeit hielt sich der Prinz jedoch in seinem Jagdschlößchen »Dreilinden« auf. 1875 verpachtete er Düppel an den Oberamtmann und späteren Ökonomierat Ernst Ring.

Erbe des Prinzen Friedrich-Karl war sein Sohn Friedrich-Leopold. Dessen Nichte erzählte einmal in einer Runde von älteren Düppelern, daß ihr Onkel so viel Geld in den Spielcasinos ließ, daß er das Gut 1927 für 11,5 Millionen Mark an die Stadt Berlin verkaufen mußte, nachdem er schon 1894 die Hälfte des großen Areals, das bis in das heutige Nikolassee reichte, an Heimstättengesellschaften veräußert hatte.

»Unbefugten ist der Zutritt nicht gestattet«, steht auf einer Tafel am Eingang zum Hof. Aber wer ist unbefugt und wer ist befugt? Theodor Fontane kommt dem Chronisten in den Sinn,

Düppeler Hofarbeiter und Pferdepfleger vor den Stallgebäuden
der »Deutschen Reitschule«. Foto von 1932

der im Zusammenhang mit der Zerstörung historischer Gebäude (Kloster Lehnin) schrieb: »… weil die ganze Zeit eine
die Vergangenheit schonende Pietät nicht kannte.« Diese Zeiten hat es also schon immer gegeben. Selbst an dem unter
Denkmalschutz stehenden, mehr als 150 Jahre alten märkischen Herrenhaus haben die Universitätsleute unpassende
Anbauten angeklatscht. Die hölzerne Tafel mit dem Text der
Benennung zum »Rittergut Düppel«, welche die 1945 gestoh-
lene Marmortafel ersetzte, wurde nach der äußeren Renovierung nicht wieder angebracht.

Ist das hier noch das alte Düppel?

Die Brennerei mußte stehenbleiben. Aber die Schmiede daneben? Die laut polternde Wäscherolle, zu der ein paar Holz-
stufen hinaufführten? Der schattige Innenhof und die berühm-
te Jagdhundemeute? Konnte man nicht wenigstens das Äuße-
re der schönen langen Stallgebäude erhalten? Wo ist das alles

40

Als »Museumsdorf Düppel« stellt sich uns das wiederentdeckte
»Ur-Zehlendorf« am Machnower Krummen Fenn heute vor

geblieben? Abgerissen, weil es muffige Vergangenheit war für
die »Ich-lebe-heute-Menschen«?

»Man könnte hier gut und gerne manche Tradition wieder
aufleben lassen«, sagt ein jüngerer Reitlehrer in der neuen,
kleineren Reithalle des studentischen Reiterclubs, als ihm der
Chronist von den Musik- und Weihnachtsquadrillen erzählt,
die zu Bürkners Zeiten in der 25 mal 70 Meter großen, 1934
vom Architekten Kempner erbauten Halle, die 1982 abbrannte, stattfanden, »aber es besteht ja kaum Interesse daran.«

Zwischen 80 und 120 Pferde hatten die Amerikaner in den
Düppeler Ställen stehen. Bürkner konnte sie schon bald für
den Reitsport interessieren. 1947 wurde Prof. Dr. Erwin Bek-
ker gebeten, eine Tierklinik für die Tiere der Amerikaner ein-
zurichten. Das war praktisch die Geburtsstunde der »Vete-
rinärärztlichen Fakultät der Freien Universität Berlin«.

Hinter den weißgetünchten Gebäuden der 1937/38 entstan-

41

denen »Reichsreiterführerschule der SA« nimmt der Königsweg allmählich den Charakter an, der annähernd an die Zeit
erinnert, als Friedrich der Große sich in seiner Kutsche dem
Zehlendorfer Pferdeausspann und -wechsel näherte. Heute ist
das ein schöner, von alten Laubbäumen gesäumter Fuß- und
Reitweg.

Früher hatte man immer den Eindruck, als befinde man
sich in einer ganz anderen Gegend und Landschaft, wenn der
Blick von der Höhe der Andreézeile (heute Clauertstraße)
über die weiten Felder hinweg auf das Krumme Fenn gerich-
tet war und man über die Gleise der Stammbahn hinweg bis
nach Kleinmachnow sehen konnte. Jetzt versperren Siedlun-
gen den Blick.

Vor dem Krummen Fenn liegt das »Museumsdorf Düppel«. Am 18. September 1941 fand der vierzehnjährige Horst
Trzeciak aus der Mittelstraße in Bombentrichtern auf dem
Feld Scherben von Tongefäßen, als er nach den zu der Zeit
noch sehr begehrten Flak- und Bombensplittern suchte. Seinen Fund brachte er in das Märkische Museum. Er hatte ein
Dorf aus dem 13. Jahrhundert entdeckt. Doch erst viele Jahre
später, nach der Gründung eines Vereins, konnte man 1967
mit den ersten Ausgrabungen beginnen.

Den kleinen Düppeler Friedhof, dem Krummen Fenn gegenüber am Königsweg, gibt es nicht mehr. Wo der Wald einmal den alten Friedhof umgab, wurden Reihenhäuser für amerikanische Familien gebaut.

Auch hinter der Benschallee auf dem von den Düppelern
nach dem Gasthaus »Mutter Mochow« benannten »Mochow-
Schlag« gibt es eine Wohnsiedlung, die bis in die Nähe des
Waldfriedhofs reicht. Das mit Reet gedeckte Kinderheim »Lin-
denhof« am Königsweg ist das letzte erhalten gebliebene
Kolonistenhaus von »Neu-Zehlendorf«. 1772 hatte der Alte
Fritz den Kammerherrn Hubert mit der Gründung einer Ko-
lonie für Kriegsveteranen beauftragt, weil er sich über das
brachliegende, von den Zehlendorfer Bauern kaum genutzte
Land ärgerte. Den Bauern waren die 1.000 Taler, die der Kö-

Die berühmten drei Linden vor dem gleichnamigen Jagdschlößchen, das Prinz Friedrich Karl von Preußen sich 1869 bauen ließ. Es wurde 1954 abgerissen

nig ihnen für die 300 Morgen gab, zu wenig, doch sie kannten wahrscheinlich die Sparsamkeit Friedrichs nicht. So entstanden bis zum Jahr 1781 im Bereich der Potsdamer Chaussee und des Königswegs sechs Gehöfte, die »Hubert-Höfe«. Der Ackerbau lohnte sich zwar nicht recht, dennoch lebten 1801 in Neu-Zehlendorf 36 Menschen. Es wird erzählt, daß der Alte Fritz bei seinen Reisen von Potsdam nach Berlin oder umgekehrt in seinen letzten Jahren gerne im »Lindenhof« Rast gemacht hat, während die Pferde versorgt wurden. Im Haus gab es einen Ofen mit einer Bank aus friderizianischen Semper-Talis-Kacheln, an dem er seine gichtigen Knochen wärmte.

In den zwanziger und dreißiger Jahren dieses Jahrhunderts war das in einer »Sandkuhle« gelegene Wirtshaus »Zum Wiesengrund« besonders an den Sonn- und Feiertagen ein beliebtes Ausflugsziel. Den Hinweis: »Hier können Familien Kaffee kochen«, gibt es schon lange nicht mehr. Auch hier ein Reitstall.

Über die Brücke am ehemaligen Autobahnkontrollpunkt »Dreilinden« führt der Königsweg in den Forst Düppel. In der früheren Heinersdorfer Heide, die Prinz Friedrich-Karl gründlich kultivierte und mit Wild besetzte, hatte er sich 1869 vom Baumeister Nabbath eine Jagdvilla errichten lassen, das »Jagdschloß Dreilinden«.

1954 wurde das Jagdschloß abgerissen, angeblich wegen Baufälligkeit. Andere Bauten, oft historisch weniger wertvoll und von schlechterer Bausubstanz, hat man erhalten. Wenn wir heute Einzelheiten über das Jagdschloß Dreilinden wissen wollen, über das Leben und die Reisen des Prinzen, über seine Gastlichkeit, über die Sammlungen, die heute auf verschiedene Museen verteilt sind, können wir das in Theodor Fontanes »Wanderungen – Fünf Schlösser« nachlesen. Fontane war übrigens oft zu Besuch in Dreilinden. Es lohnt sich allerdings dennoch, den tief im Düppeler Forst gelegenen Ort zu besuchen, möglichst an einem Tag, an dem das Geknalle vom nahen Schießplatz die Beschaulichkeit nicht stört. Wie früher, als es hier das Forsthaus »Heidekrug« gab, steht das Försterhaus hinter den beiden noch verbliebenen alten Linden.

»Zum Benschgrab«, verkündet ein Schild am Weg. Es sind nur noch wenige Schritte. Nichts Großartiges, ein niedriger Holzzaun, eine Bank, Feldsteine liegen zwischen Efeuranken, eine kaum lesbare Tafel an einem Felsbrocken, aber … der Wald ist es, den Bensch, der Holzinspektor und Gutsbesitzer gesucht hat, um seine letzte Ruhe zu finden. Das ständige, nie endende Rauschen in den Wipfeln der Laubbäume, das Rascheln im Unterholz, überhaupt, das Holz.

Er geht noch ein ganzes Stück weiter, der Königsweg – bis an die Kohlhasenbrücker Straße, immer durch den Wald.

Vierter Spaziergang

Das Dorf Stolpe
als Ursprung von Wannsee

Heute kann man die Anhöhe nur erahnen, von der Theodor Fontane im Herbst 1861 die buntgescheckten Havelforsten, in deren Farben das dunkle Grün der märkischen Kiefern vorherrschte, und den Großen Wannsee überblickte, bevor er das Grab des Dichters Heinrich von Kleist am Kleinen Wannsee besuchte. Wahrscheinlich ist die Höhe schon lange zugebaut. Das nämlich sah Fontane damals voraus, als er wenig später in seinem Artikel »Am Wannensee« in der »Neuen Preußischen Zeitung« von der »weiten Wasserfläche« und den »waldumkränzten Hügeln« schrieb, als er den Lesern prophezeite: »Hierher werden die Villen verpflanzt werden von den Reichen, denen es am Tiergarten hin bereits zu städtisch zu werden beginnt.« Er war jedoch Realist genug, um festzustellen: »Aber es ist töricht, eine Miene anzunehmen, als würde hier ein unentweihter Tempel der Natur zerstört werden. Denn überall, auf Schritt und Tritt, begegnet man hier den Zeichen der Kultur, den Schöpfungen der Menschenhand …, unsere Landschaft hat längst aufgehört, ein bloßes Naturprodukt zu ein.«

Soweit Fontane über die Zukunft dieses Gebietes. Wir aber wollen noch ein ganzes Stück in der Zeit zurückgehen. Das heutige Wannsee ist ja nicht mehr als das vorläufige Endprodukt einer mehr als 700 Jahre alten geschichtlichen Entwicklung. Fahren wir also mit dem Bus nach Kohlhasenbrück hinauf. Bis dahin sind es heute vom S-Bahnhof Griebnitzsee nur gute 700 Meter Fußweg. Auch hier ist der Ursprung der

Besiedlung nicht zu finden, es sei denn, wir denken an das Hünengrab bei Albrechts Teerofen, das mit dem Bau des Teltow-Kanals verschwand. Es enthielt interessante Funde aus der Bronzezeit. Auch zwischen Kleinmachnow und Kohlhasenbrück wurden Gruben mit Tonscherben aus vergangenen Zeiten entdeckt.

Von Alters her gehört Kohlhasenbrück zu Stolpe. Es tauchte erstmals 1589 in den Erbregistern des Amtes Potsdam auf und zwar als »Teer-Ofen«. Die Geschichte des betrogenen und an den Obrigkeiten rachenehmenden Berliner Pferdehändlers Hans Kohlhas, der im Februar 1540 die Silberbarren des Kurfürsten Joachim II. raubte, um sie unter der Bäkebrücke im Wasser zu versenken, Legende oder Wahrheit, konnten wir schon in unseren Schulbüchern lesen. Kleist machte die Novelle »Michael Kohlhaas« daraus, und Kurt Pomplun nahm sie in sein Buch »Berlins alte Sagen« auf. Auch die Fürbitte Martin Luthers soll Kohlhases Hinrichtung nicht verhindert haben. Das Silber wurde nie gefunden.

Fließt das Wasser des Teltow-Kanals heute träge zwischen festen Ufern dahin, so schlängelte sich die Bäke vor 1900, da allerdings schon ziemlich versumpft, von Steglitz her in einer sanften Senke, den Machnower See im Bogen umgehend, dem Griebnitzsee zu. Die Kohlhasenbrücke befand sich wohl an derselben Stelle wie die heutige Böckmannbrücke. Hier endete einst ein wichtiger, von Sachsen kommender Handelsweg, der sich auf der nördlichen Seite des Flusses in den Weg nach Stolpe, in den »Churfürstlichen Weg« Richtung Grunewald und in den nach Zehlendorf und nach Berlin führenden Gemeinen- oder Königsweg aufteilte. Folglich war das eine gute Stelle zum Geldkassieren. So gab es vor der Brücke eine Hebestation für den Straßenzins mit Krugberechtigung.

Krugbesitzer waren nach 1783 der Kossät Sasse, der Torfinspektor Simon und schließlich, nach 1859, die Familie Beyer. Heinrich Beyers Hotel-Restaurant »Kohlhasenbrück« (bis 1934) war als Sommerfrische beliebt bei den Berlinern. Und Bernhard Beyer, langjähriger Gemeindevertreter und Schöffe

Zu Heinrich Beyer nach Kohlhasenbrück fuhren die Berliner zwischen 1877 und 1934 in die Sommerfrische. Foto um 1910

in Wannsee, gilt als der Schöpfer der kleinen Villen- und Landhauskolonie.

Gleich hinter der Böckmannbrücke führt eine Treppe hinab zum 1924 von Alfred Söhnel gegründeten »Ruderheim Kohlhasenbrück« (heute Söhnel-Hof), dem eine Bootsbauwerft für Kanadier angeschlossen ist. Hier herrschte in den fünfziger Jahren an den Wochenenden stets Hochbetrieb. Die Spezialität war damals Aal grün, und man konnte sich den Aal, den man verspeisen wollte, vorher im großen Flosbehälter aussuchen.

Der langgestreckte Griebnitzsee und die Kulissen von Neubabelsberg bleiben hinter uns zurück. Der Weg führt dicht an dem 1907 gebauten Prinz-Friedrich-Leopold-Kanal entlang bis zur Hubertusbrücke. Immer wenn der Chronist an der »Hubertusbrücke« vorbeikommt, muß er an die beiden munter herumtollenden Affen denken, die der Wirt Paul Stenzel

47

Der Stölpchensee und das Dorf Stolpe um 1860

damals zur Belustigung seiner Gäste in einem großen Käfig hielt und die ihm als Steppke von vielleicht fünf Jahren so viel Spaß machten.

Vom anderen Ufer des Stölpchensees, fast verdeckt von zwei hohen Bäumen, grüßt der in dieser Gegend eigenartig wirkende Turm der von August Stüler 1859 gebauten Stolper Kirche herüber. Nach Westen zu, auf dem einstigen »Helm- oder Kempfstücken«, liegt das Hahn-Meitner-Institut für Kernforschung, umgeben von dem U-förmig angelegten Golfplatz Wannsee. Da hinauf führt unser Weg nicht. Der bringt uns direkt in das ehemalige Dorf Stolpe.

»Als ich im Jahre 1890 in Potsdam wohnte«, erzählt der Maler Philipp Franck (Pflügende Bauern), »und oft nach Berlin fuhr, sah ich im Vorüberfahren zwischen den Stationen Neu-Babelsberg und Wannsee auf der linken Seite der Bahn durch eine Lichtung des Kiefernwaldes hindurch ein Dörfchen idyllisch an einem stillen See liegen. Alles atmete Frie-

48

Im Dorf Stolpe um 1910

den, kaum ein Mensch war zu sehen. Nur dann und wann strich ein kleiner Kahn lautlos über das Wasser, in dem ein Fischer sein Netz auswarf und wieder einzog.«

Das Wasser spielte bei der Gründung des Dorfes eine wichtige Rolle, denn der Name Stolpe wird zurückgeführt auf das wendische Wort »stolpy«, das soviel bedeutet wie Säulen oder auch Pfähle, wie sie die Fischer zum Befestigen ihrer Kähne und Netze benutzen. Allerdings sind sich die Experten gerade bei der Ergründung der Herkunft von Ortsnamen selten einig. Dennoch, Stolpe ist ein altes Fischerdorf.

Die mit Stroh oder Schilf gedeckten Fischerhäuser, deren Giebelbalken am Ende den wendischen Pferdekopf zeigten, gibt es hier schon lange nicht mehr. Etwas zu pompös für Stolpe, vielleicht aber auch so gebaut, um den Wannseer Prunkvillen etwas entgegensetzen zu können, wirkt das am Anfang des Jahrhunderts aus gelben Backsteinen erbaute Wohnhaus des Bauern Höhnow, das auf leichter Anhöhe ste-

49

hend den Blick auf die Kirche verdeckt. Die Höhnows betrieben die Landwirtschaft auf ihrem Hof am Stölpchenweg bis in die sechziger Jahre.

Der den Älteren noch bekannte »Lindenhof« am Wilhelmplatz wurde mitsamt dem angrenzenden Kino in den letzten Tagen des Krieges zerstört. Um so mehr freuen wir uns über das mehr als 150 Jahre alte Schulhaus, auch wenn der daran vorüberfließende Durchgangsverkehr, ähnlich wie in Schönow, stark zugenommen hat. Von 1837 bis 1895, gut 58 Jahre lang, war August Liese in Stolpe Lehrer und Küster. Daran erinnern nur noch die Chroniken.

Als 1848 die große Glocke der aus dem 15. Jahrhundert stammenden Fachwerkkirche zersprang und bald darauf auch die kleine Glocke, ließ die Gemeinde den Bau erst einmal sperren und dann abreißen. Fünf Jahre später hatten die Stolper dann eine neue Kirche. Den zu der Zeit 502 Einwohnern soll das im romanischen Basilika-Stil erbaute Gotteshaus anfangs gar nicht so recht gefallen haben. Aber wer wollte schon laut murren, wo doch Seine Majestät der König den Bleistift höchstpersönlich zur Hand genommen hatte, um ihnen eine Kirche zu entwerfen. Friedrich-Wilhelm IV. (1840–1861) hatte viel übrig für diesen Basilika-Stil, denken wir zum Beispiel an die Potsdamer Friedenskirche, an die Heilandskirche in Sacrow oder an die Kirche in Bornstädt, von der Fontane sagte, daß sie ihn an die Porzellantürme Chinas erinnert.

Es ranken sich verschiedene Geschichten um die Stolper Kirche. Bei den Fundamentierungsarbeiten stießen die Arbeiter auf mehrere Grüfte. Von dem einen der entdeckten Särge wurde im Ort sofort angenommen, daß es sich um den der vor 300 Jahren verstorbenen Frau des Hans Kohlhas handeln müsse, obwohl niemand sagen konnte, warum die Frau gerade in Stolpe beigesetzt sein sollte. Daraufhin kam eine Kommission aus Potsdam, der auch Prinz Karl angehörte, die das bezweifelte. Der im Sarg gefundene Kopfschmuck stammte nicht aus der Zeit der Kohlhäsin.

Dann war die Kirche fertig, hatte aber keine Orgel. Als der

Chausseestraße 15 a, das Wohnhaus des Fouragenhändlers Hönicke

König zur Besichtigung kam, warteten die Stolper vor der Kirche. Keiner wagte es, den König wegen der fehlenden Orgel anzusprechen. Ein mutiger Bittsteller klopfte schließlich einer Dame aus des Königs Begleitung auf die Schulter und trug ihr den allgemeinen Wunsch vor. Wie sich herausstellte, war das niemand anders als die Königin selbst, denn sie soll gerufen haben: »Ach, Wilhelm, hier ist noch keine Orgel!« Friedrich Wilhelm schenkte den Stolpern ihre Orgel, und die Königin soll noch 100 Taler für eventuelle Reparaturen draufgelegt haben.

Nachdem 1790 die Potsdamer Chaussee fertig war, ließ der Reiseverkehr durch Stolpe beträchtlich nach. Darum verlegte Friedrich Stimming seinen Krug von hier an die Wannseebrücke auf der nördlichen Seite der neuen Straße. Aber da sind wir noch nicht. Schon um 1800 hatten die in Stolpe häufig vertretenen Zinnows ihre Bauernhöfe nicht nur an der Glienicker Straße, sondern auch oberhalb des Wilhelmplatzes

Der Flensburger Löwe im Wannseer Löwenpark,
rechts die »Burg Stolzenfels«. Foto von 1919

an der Chausseestraße. Die Häuser, die jetzt an der Straße
stehen, sind zum großen Teil um und nach 1900 gebaut worden. Alles vermittelt noch den kleinbürgerlichen Eindruck,
den wir auch von der Zehlendorfer Düppel- oder von der
Mittelstraße her kennen.

Auf der linken Seite finden wir Haus und Hof der seit 1900
bestehenden Fouragenhandlung von Wilhelm Hönicke. Es
lohnt sich, den Hof zu betreten. Nachdem der Handel mit
Futtermitteln, Kartoffeln u.a. 1977 eingestellt wurde, eröffnete
Otto Hönickes Enkel Wolfgang Immenhausen hier die »Ga-
lerie Mutter Fourage«, in der wechselnde Ausstellungen stattfinden, so wurden auch Bilder des schon erwähnten Philipp Franck gezeigt, und es gab eine ganze Reihe anderer kultureller Veranstaltungen auf dem Hof und in der alten
Scheune.

Seit 1898 eigenständige Landgemeinde, konnten sich die
Wannseer schon 1900/01 ein schmuckes Rathaus leisten, lange vor den Zehlendorfern. Heute ist die Königstraße eine brei-

te, unpersönliche, den Ort in zwei Hälften teilende Verkehrsachse. Doch vor dem Beginn des Ausbaus um 1935 war sie eine Allee, deren Häuser Vorgärten besaßen und deren Bäume Schatten spendeten. Die Bäume wurden abgeholzt. Das 1873 für den Gastwirt Schuchardt gebaute Restaurant »Deutsche Eiche« rückte nun nahe an die Straße heran. Der »Reichsadler«, Ende der Vierziger noch Tanztreff, ist ganz verschwunden.

Dem Rathaus gegenüber führt ein Weg am Blindenheim vorbei bis zu der von Otto Stahn 1896 erbauten Andreas-Kirche, einer Stiftung von Wilhelm Conrad, dem Gründer der Colonie Alsen. Ganz in der Nähe hatte sich der Patriot Conrad noch ein Denkmal aufstellen lassen, den »Flensburger Löwen«. Wie der Name »Rittergut Düppel« an den deutsch-dänischen Krieg 1864 erinnern sollte, so erinnerte der Name der Villen-Colonie-Alsen an die Eroberung der dänischen Insel Alsen durch die Preußen. Diese schleppten dann auch einen Löwen mit sich, den die Dänen als Zeichen ihrer anfänglichen Siege zu Beginn des Krieges in Flensburg aufgestellt hatten. Das Original des Denkmals stand bis 1946 in der Kadettenanstalt in Lichterfelde. Conrad hatte damals davon einen Zinkabguß anfertigen lassen, den er im »Löwenpark« – heute gibt es an der Lindenstraße nur noch einen Löwensee – in überragender Höhe aufstellen ließ. 1938 kam der Löwe auf seinen heutigen Platz über dem Wannsee.

»Gebt mir Sand, Gold und Wasser, und ich werde euch ein Paradies auf Erden zaubern«, soll der Geschäftsmann Conrad einmal gesagt haben, bevor er die Pläne zur Erschließung der Grundstücke, die sich am Großen und Kleinen Wannsee entlangzogen, vorlegte. Er war auch dagegen, die Gemeinde nach dem lange schon vorhandenen Dorf Stolpe zu benennen. Da gab es ihm zu viele Orte gleichen Namens. Alsen, das war patriotischer. Und so gab es auch gleich eine Colomierstraße am Großen Wannsee, benannt nach einem preußischen Artillerie-General aus demselben Krieg. Conrad selbst ließ sich vorn an der Brücke, an der Stelle von Stimmings Gasthaus,

1873/74 wurde der Bahnhof für die Colonie Alsen gebaut und
1927 durch einen Neubau ersetzt

1869 die Villa »Alsen« bauen. In Stimmings Gasthaus ver-
brachten Heinrich von Kleist und Henriette Vogel ihre letzten
Stunden, bevor sie am 21. November 1811 Selbstmord be-
gingen.

Schnell nahm die Villen-Colonie in Form von Parks, Gärten
und zum Teil sehr prächtigen Häusern Gestalt an. So ähnelte
die türmchenreiche Villa der Familie Siemens 1887 am Kleinen Wannsee eher einem Märchenschloß, und die 1872 von
Gropius gebaute »Villa Hardy« oberhalb des Großen Wannsees wurde auch »Burg Stolzenfels« genannt. Die Burg verschwand in den dreißiger Jahren. Und nach dem letzten Krieg
schenkte Frau von Siemens ihr Haus der Baptistengemeinde.
Es wurde ein Heim für Gelähmte.

Im großen Bogen führt uns die Straße Am Großen Wannsee von Heckeshorn zur Königstraße zurück. Auf dem Grundstück 56/58 steht die schloßartige »Villa Minoux«. Die Wann-

54

see-Villa wurde 1914/15 für den Fabrikanten Ernst Marlier von dem Architekten Paul O.A. Baumgarten erbaut. 1921 kaufte sie Friedrich Minoux, der zu dieser Zeit Generaldirektor im Stinnes-Konzern war. 1940 wurde die Villa von der SS-Stiftung Nordhav erworben und als Gästehaus für auswärtige Polizei- und SS-Offiziere eingerichtet. Ab 1943 diente sie dem Reichssicherheitshauptamt als »Kameradschafts- und Führerheim der Sicherheitspolizei«. Am 20.1.1942 verhandelten unter dem Vorsitz von Reinhard Heydrich, dem Chef des Reichssicherheitshauptamtes, 14 Spitzenbeamte der Ministerialbürokratie und der SS über die organisatorische Durchführung des Völkermordes an den Juden Europas. Nach diesem Ort wird die Besprechung »Wannsee-Konferenz« genannt. Das von Adolf Eichmann angefertigte Konferenz-Protokoll wurde 1947 in den Akten des Auswärtigen Amtes gefunden.

Zum 50. Jahrestag der Konferenz, am 20.1.1992, wurde in dem Haus eine Gedenk- und Bildungsstätte eröffnet. Eine ständige Ausstellung dokumentiert die Konferenz selbst, die Geschichte des Hauses sowie den Prozeß der Ausgrenzung, Verfolgung und Ermordung der Juden Europas. Eine zweite Abteilung dient der politischen Bildung. Außerdem umfaßt das Haus eine allen Besuchern offenstehende Mediothek.

Clubhaus eines Sportvereins ist heute das Haus des Malers Max Liebermann auf dem Grundstück Nr. 42. Der »Schwedische Pavillon«, 1909 erbaut, bis in die dreißiger Jahre Hotel-Restaurant, dann Abhörzentrale der Nationalsozialisten, nach dem Krieg wieder Hotel-Restaurant, ist heute Krankenhaus und Altenheim des Arbeiter-Samariter-Bundes. Und gar nicht zu übersehen ist das hohe Bettenhaus der »Klinik Wannsee« auf der rechten Seite an der Kaiserstraße.

Zuletzt gönnen wir uns noch einen Blick von der Brücke über den Kleinen Wannsee mit seinen Ruderclubs, deren Gründung bis in das Jahr 1880 zurückgeht, auf die »Dampfer«-Anlegestellen am Großen Wannsee. Die Wannseebahn wurde am 1. Januar 1874 eröffnet. Die Berliner nannten sie danach, auf Wilhelm Conrad anspielend: »Wahnsinnsbahn auf Conrädern«.

Zwischen Nikolassee und Schwanenwerder

Der Kirchweg in Nikolassee, der uns zu der Rehwiese führt, beginnt kurz vor dem Autobahnkleeblatt an der Potsdamer Chaussee. Nicht zu übersehen ist der spitz in den Himmel ragende Turm der vom Architekten Blunck entworfenen, 1910 eingeweihten evangelischen Kirche mit den beiden knieenden Engeln am Eingang.

Das langgestreckte Tal der Rehwiese bereits vor Augen, interessiert uns der 1914/15 für den Generaldirektor Wilhelm Mertens gebaute »Mittelhof« auf dem großen Eckgrundstück zur Straße Am Mittelbusch. Hermann Muthesius (1861 bis 1927) hatte den Auftrag erhalten, ein »gehöftartig-gruppiertes Einfamilienhaus im altschottischen Stil« zu bauen. Die bebaute Grundfläche allein betrug 900 Quadratmeter. 1938 bezog der Landeskulturverwalter das Gebäude. 1946 war es ein »Red Cross Club« für amerikanische Soldaten, bevor ein Altenheim für Diakonissen daraus wurde. Um 1975 ließ man den »Mittelhof« zum Sitz der Historischen Kommission zu Berlin umbauen.

Wir wandern vom Mittelbusch nach links durch die hintere der von zwei Straßen unterbrochenen Talsenke, die sich einmal »Kuhfenn« nannte und zum Gut Düppel gehörte. Der Besitzer, Prinz Friedrich Leopold, verkaufte 1900 350 Morgen Land für 1,33 Goldmark je qm an eine Siedlungsgesellschaft. Erst 1993 hörte der Chronist von älteren Nikolasseern, daß die Wiesen nicht nach den hier früher grasenden Rehen benannt worden waren, sondern nach einem Geheimrat Reh, der in der Teutonenstraße gewohnt haben soll, dessen besondere Verdienste aber nicht bekannt sind.

Erwähnenswert ist sicher, daß sich am Ende der Rehwiese eine Pumpstation des zwischen 1888 und 1893 in Betrieb genommenen Wasserwerks Beelitzhof befindet, das heute mit 38 Millionen Kubikmetern Wasser jährlich 29 Prozent der Berliner Versorgung gewährleistet.

Der Bau des Autobahnkleeblatts (Anschluß der Avus an die Autobahn und an die Potsdamer Chaussee) in den dreißiger Jahren hat die alte Landschaft völlig verändert. Seitdem liegt der Nikolassee eingeklemmt zwischen dem Bahngelände und den Autostraßen.

1996 schrieb der Zehlendorf-Chronist Fritz Krüger die Sage vom Nikolassee oder »Tusen« auf. Die Geschichte von dem Zehlendorfer Bauern Jürgen und dem Schulzen Friedrich aus Crummensee (um 1300 aufgegebenes Dorf an der Krummen Lanke), die um die schöne Bärbel stritten, ist etwas lang. Doch geht es am Ende um den Heiligen Nikolaus, der dem Laienbruder Paulus als Retter eines Kindes im Traum erscheint. Seitdem nannten die Leute den See nicht mehr »Teufelssee«, sondern »St. Claussee«.

Erinnern wir uns einer Zeit, die noch nicht so weit zurückliegt. Mit dem langjährigen Pfarrer der Gemeinde, Dr. Karl Wiese, bildete sich hier zwischen 1933 und 1945 ein Stützpunkt der »Bekennenden Kirche«. Auch die Bombe, mit der Oberst Graf Stauffenberg das Attentat vom 20. Juli 1944 ausführte, lag am Nikolassee in dem Haus Tristanstraße Nr. 8 versteckt. Reiche Kaufleute – wie Julius Freuenberg, Inhaber des Kaufhauses Gerson, oder Dr. jur. Gustav Ramin – waren hier genauso zu Hause wie die Schriftsteller Kurt Kluge oder Jochen Klepper, der freiwillig in den Tod ging, als seine jüdische Tochter Renate in ein Todeslager der Nazis verschleppt wurde.

Folgen wir der kopfsteingepflasterten Straße An der Rehwiese und blicken auf die zum großen Teil sehr prächtigen Villen an den leicht ansteigenden Hängen. Einem jüdischen

Weithin sichtbar überragt der spitze Turm der 1910 eingeweihten
Nikolasseer Kirche die Rehwiese

Geradezu schloßartig erheben sich viele Villen und Landhäuser auf den leichten Höhen der Rehwiese

Bankier gehörte das Landhaus An der Rehwiese 15, in dem Tante und Onkel des Chronisten die Hauswartstelle innehatten. Sie wohnten im Souterrain. Oft kam der Sohn der Hauseigentümer zum Spielen in den Keller, oder man tollte bei schönem Wetter zwischen den die Rehwiese durchziehenden Baumreihen umher. 1936 oder 1937 mußte die Familie Deutschland verlassen.

Kehren wir diesem von den Massen des Schmelzwassers der Eiszeiten geschaffenen Urstromtal den Rücken. Die Normannenstraße führt uns zum 1985 gründlich renovierten S-Bahnhof Nikolassee hinauf. Für rund 2,8 Millionen Mark erhält der Hohenzollernplatz wieder sein historisches Aussehen. Auch die Straßen sind mit den alten Granitreihensteinen gepflastert, die Gehsteige mit Bernburger Mosaiksteinen. Der alte Brunnen vor dem Bahnhof wird ebenfalls, allerdings in veränderter Form, wiedererstehen. Vielleicht wird auch die

Nach jahrelanger Verwahrlosung ist der Nikolasseer Bahnhof in den achtziger Jahren gründlich renoviert worden

Bogenschützin des Kleinmachnower Bildhauers Prof. Ferdinand Lepcke die Augen der Anwohner und Besucher wieder erfreuen. Neben dem bereits restaurierten Mexikoplatz entsteht somit ein weiteres Juwel aus der Vergangenheit neu.

Als die Villen-Siedlung Nikolassee 1910 den Status einer Gemeinde erhielt, gab es bereits 1.457 Einwohner. Also mußte ein Rathaus her. Bruno Möhring baute es 1912 in Anlehnung an barocke Vorbilder zwischen der Alemannen- und Normannenstraße. Das schöne Bahnhofsgebäude, heute wieder ein Schmuckstück für Nikolassee, entstand 1902 nach den Entwürfen von Fritz Bräunig im neugotischen Gründerstil. Auch die beiden Bahnsteige wurden durch eine Brücke verbunden. Die Frau des Chronisten war immer recht stolz darauf, daß ihr Großvater August Gerhardt 1902 als »Perronschaffner«

61

den ersten Zug vom Bahnhof Nikolassee abfahren lassen durfte. Er wohnte in einem Eisenbahnerhaus, das heute noch im Schnittpunkt der hier zusammentreffenden Wannsee- und der damaligen Wetzlarer Bahn zu finden ist. Der Bahnhof kostete die Siedlungsgesellschaft sechs Millionen Mark.

Heute sind es in erster Linie gar nicht mehr die Nikolasseer, die den Hauptnutzen von den Bahnverbindungen haben. Während es auf der Seite zum Hohenzollernplatz ruhig und beschaulich bleibt, herrscht auf der anderen Seite am Borussenweg in den Sommermonaten bei schönem Wetter Hochbetrieb. Von hier aus geht es geradewegs zum Strandbad Wannsee. »Rosemeyerweg« heißt das erste Stück, das über die Autobahnbrücke führt, Erinnerung an den legendären, tödlich verunglückten Autorennfahrer Bernd Rosemeyer. Er war auch 1921 bei der Eröffnung der Avus als »schnellster Rennstrecke der Welt« dabei. Sie reichte aber nicht bis hierher, die zweimal 9,8 Kilometer lange »Auto-, Verkehrs- und Übungsstraße«. Früher endete sie hinter dem Beginn der Havelchaussee mit der Südkurve, die aber nicht so steil ausgebaut war wie die Nordkurve in Charlottenburg. Das Gelände wurde später als Schießplatz genutzt.

800 Meter Fußweg sind bis zum Strandbad Wannsee. Heute ist das Baden im Freien nichts Ungewöhnliches. Das Strandbad mit einer Strandlänge von 1.275 Metern wird in jedem Jahr mit neuem Sand von der Ostsee beschickt und an warmen Sommertagen von gut und gern 30.000 Bade- und Sonnenhungrigen besucht. Doch damals – nach der Jahrhundertwende –, als die Anhänger des »Luftbadens« einen kleinen Koffer für ihre Badekleidung brauchten, sah das ganz anders aus. Trotz der Badeverbote in den preußischen Seen wurde das Baden am feinkörnigen Strand des Wannsees immer beliebter.

Der Landrat Ernst von Stubenrauch (1853–1909) war es, der sich gegen die Proteste zahlreicher Moralisten für die hier Badenden einsetzte. Vom 8. Mai 1907 an gab es für das damals noch zum Kreis Teltow gehörende »Freibad Berlin« die

Strandbad Wannsee

Das erste Haus auf Schwanenwerder, die »Villa Schwanenhof«, die der Petroleumlampenfabrikant Wilhelm Wessel nach 1882 bewohnte

behördliche Badeerlaubnis. Es sollen jedoch teilweise chaotische Zustände geherrscht haben am damaligen Strand. Toiletten fehlten, Stullenpapier verunzierte die Landschaft, und wie »schwarze Mauern« standen die Zuschauer auf den Anhöhen, um die Badenden zu begaffen.

Ab 1908 teilte ein »Freibäder-Verein« den Strand in Damen-, Herren- und Familienabteilungen auf. Es gab nun Umkleidezelte und einen Zaun. Die schwarz-weiß-roten Hosen der Aufsicht hießen bei den Berlinern bald »nationale Badehosen«. Die in den ersten Jahren nach dem Weltkrieg errichteten Holzgebäude brannten 1927 nieder. 1929/30 entstanden die von den Stadtbauräten Wagner und Ermisch geplanten, heute noch bestehenden Anlagen im Baustil der »modernen Sachlichkeit«. Das Strandbad war 25 Jahre alt, als die preußische Obrigkeit 1932 eine strenge Badekleidungs-Verordnung, den sogenannten »Zwickelerlaß«, in Kraft setzte. Wie würden

64

sich diese Leute heute wundern, wenn sie über den Strand, besonders über das Nudistenparadies im Norden gehen könnten. Aber so ändern sich nun mal die Zeiten.

Viel schlimmer war allerdings die 1935 erlassene und 1938 erneuerte Anordnung der Nationalsozialisten, jüdischen Bürgern den Zutritt und das Baden in der Öffentlichkeit zu verbieten.

Dem Zaun und dem Weg folgend, vorbei an dem Lokal »Wannseeterrassen«, nähern wir uns Schwanenwerder. Die Geschichte der Insel beginnt 1704, als sie unter dem Namen »Der Sandtwerder« erstmals erwähnt wurde. Niemand konnte voraussehen, daß diese eher sandige als begrünte Insel einmal ein begehrtes Wohnparadies werden sollte. Der Petroleumlampenfabrikant Wilhelm Wessel kaufte das Eiland 1882 für 9.000 Goldmark von dem Cladower Gutsbesitzer Kässner. Wessel ließ sich die »Villa Schwanenhof«, Inselstraße Nr. 37, bauen. Warum er für sein Haus das Innere der Insel bevorzugte, ist nicht bekannt. Er war ja der erste Siedler auf eigener Insel, und zum Wasser hin war alles frei.

Die eigens aus Frankreich herbeigeschafften Tuilerienfragmente, die vorn an der Inselstraße zu sehen sind, sowie ein hölzerner Aussichtsturm, der nicht mehr existiert, sollten wohl Interessenten für die bald in Grundstücke aufgeteilte Insel anlocken.

Der Name »Schwanenwerder« existiert seit 1901, als sich hier die ersten Bankiers und Großindustriellen niedergelassen hatten. Doch war die Insel auch der Allgemeinheit zugänglich, denn schon im Drei-Kaiser-Jahr 1888 erschien in einem Wanderbuch der Hinweis: »Dem anständigen Publikum ist der Zutritt zur Insel gestattet.« Nach dem Ersten Weltkrieg ging es dann etwas bunter zu. Jetzt erwarben Politiker, Ärzte oder Schauspieler Grundstücke und Häuser. Für kurze Zeit wohnte hier auch ein Wettschwindler aus der Weddinger Fennstraße, der sich nicht an den Hinweis in jenem Wanderbuch gebunden gefühlt haben muß.

Am 4. März 1932 hißte der Zehlendorfer SA-Sturm die

Das sogenannte »Schloß«, Inselstraße 30, Ende des 19. Jahrhunderts für W. Lohse gebaut, wurde 1975 als baufällig abgerissen. Aufnahme von 1930

Hakenkreuzfahne auf dem Wasserturm, wahrscheinlich, um die jüdischen Inselbewohner zu provozieren, wie Roland Curth in seiner Insel-Chronik feststellt. Hitlers Propagandaminister Josef Goebbels kaufte 1936 das Haus Nr. 8–10 ganz vorn an der Inselstraße von Direktor Oscar Schlitter für 350.000 Reichsmark. Wie ein Kind soll er gejubelt haben: »Nun bin ich im eignen Haus. Am See, und restlos glücklich!« (Heute wird das Grundstück von der Wasserschutzpolizei genutzt.) Aber es war wohl doch nicht das Richtige, denn 1938 nötigte er Samuel Goldschmidt, ihm das benachbarte Grundstück Nr. 12–14 für einen Spottpreis zu überlassen. Auch der Filmschauspieler Gustav Fröhlich wohnte mit seiner Partnerin Lida Baarova auf der Insel. Es muß flott zugegangen sein in den beiden Goebbels-Häusern. Der Herr Minister hatte ja alle in der Hand, konnte er doch ab Oktober 1935 selbstherrlich darüber entscheiden, ob ein Film gedreht oder verboten wurde und ob ein Schauspieler die Auftrittserlaubnis erhielt. Zu der berühmt gewordenen Ohrfeige, die Goebbels von Gustav Fröhlich erhalten haben soll, ist es aber allem Anschein nach nicht gekommen, obwohl diese Geschichte den Kabarettisten Werner Fink, und das ist Tatsache, veranlaßt hatte, auf der Bühne auszurufen: »Ich möchte heute Fröhlich sein!« Derartige Äußerungen brachten Fink dann auch zeitweilig in ein Konzentrationslager.

Das zwischen 1897 und 1905 gebaute »Haus Blumenberg«, Inselstraße Nr. 19–22, wird heute vom Bezirksamt Tempelhof zum Zweck der Jugenderholung genutzt und konnte erhalten bleiben, ebenso das Haus des Bankdirektors Mosler, das der evangelischen Kirche gehört. Das gegen Ende des 19. Jahrhunderts auf dem Grundstück Nr. 30 für W. Lohse erbaute »Schloß« mit dem weithin sichtbaren Turm allerdings nicht. Es war in den zwanziger und dreißiger Jahren als »Villa Veith« bekannt. 1975 wurde der Prachtbau als baufällig abgetragen.

Der Vollständigkeit halber sei erwähnt, daß auch Hitlers Leibarzt Dr. Morell, der NS-Rüstungsminister Albert Speer und Staatsrat Dr. Kurt Hermann auf Schwanenwerder wohnten. Auf dem Grundstück Nr. 38 ließ sich die Reichsfrauenführerin Scholz-Klink mit ihrer »Reichsbräuteschule« nieder. Keine Frage, wie diese Leute an die Grundstücke kamen.

Seit der Zeit sind fünfzig Jahre vergangen. Heute gehören 40 Prozent der Insel dem Land Berlin. Und so ist mit den Jugendeinrichtungen und mit den Sommerzeltlagern endlich Leben eingekehrt in die hier noch immer spürbare Muffigkeit. Zu internationalem Ansehen hat der Insel das »Aspen Institut

Berlin für Humanistische Studien« verholfen, das, 1974 gegründet, heute auf Schwanenwerder beheimatet ist.

Bevor wir Schwanenwerder verlassen, noch ein Blick auf das dem »Haus Gugenheim« gegenüberstehende rosafarbene sogenannte »Bonbon-Schloß-Monheim«, das 1925 für eine »Schwanenwerder Erholungsheim AG« gebaut wurde. Näheres über die heutige Verwendung ist nicht zu erfahren, denn das weiße Tor bleibt verschlossen und niemand läßt sich blicken. Dafür schaut von der anderen Straßenseite mißtrauisch ein Beamter der Wasserschutzpolizei herüber. Eine kurze Ruhepause sei trotzdem auf der kleinen Inselbrücke empfohlen, von der es eine schöne Aussicht auf den Wannsee und auf die Havel gibt.

Sechster Spaziergang

Links und rechts
der Argentinischen Allee

Die heute ca. dreieinhalb Kilometer lange Argentinische Allee zwischen dem S-Bahnhof Mexikoplatz und dem Oskar-Helene-Heim verläuft als breite Verkehrsachse im großen Bogen durch ein interessantes Stück Zehlendorfer Baugeschichte.

Ohne eine angemessene Verkehrsverbindung mit der Stadt wäre die Erschließung der westlichen Siedlungsgebiete Nikolassee, Schlachtensee und Zehlendorf-West um die Jahrhundertwende kaum möglich gewesen. Die Voraussetzungen dafür brachte die seit dem 1. Juni 1874 bestehende Wannseebahn mit sich. Zuerst viel belästert, weil es nur zwei Bahnhöfe gab, Schlachtensee mitten im Wald und Wannsee, wo sich Wilhelm Conrads Villen-Colonie Alsen erst langsam entwickelte, wurde die Bahnlinie schließlich von den Leuten, die auf sie angewiesen waren, dankbar angenommen. Aber die Geschichte der Berliner Bahnen ist ein umfangreiches Kapitel für sich.

1901 begann die »Zehlendorf-West-Terrain-Aktiengesellschaft«, hinter der so einflußreiche Männer standen wie der wohlhabende Graf Henkel Fürst von Donnersmark, mit der Parzellierung des Dreiecks zwischen Alsenstraße (Fischerhüttenstraße), der Ziethenstraße (Elvirasteig) und der Potsdamer Chaussee. Und das, nachdem der Gesellschaft vom Eisenbahnministerium die Genehmigung für den Bau eines neuen Bahnhofs erteilt worden war. Wie in Nikolassee mußte die Terraingesellschaft auch hier für die Baukosten selbst aufkommen. Sicher haben wir es dieser Eigeninitiative zu verdanken, daß die Architekten Gustav Hart und Moritz Ernst Lesser 1904 den einzigartigen Jugendstilbahnhof »Beerenstraße« bauen konnten. Nur den einst alles überragenden Wasserturm mit der Uhr gibt es nicht mehr.

Den großen Platz vor dem Bahnhof, der noch vor der 750-Jahrfeier Zehlendorfs in seiner annähernd alten Form mit den eisernen Rasenumrandungen und den beiden Springbrunnen neu gestaltet werden konnte, legte der in Zehlendorf bekannte Gartenarchitekt Emil Schubert an. Einkaufsmöglichkeiten gab und gibt es in den 1905–1910 entstandenen, dem Charakter der Villensiedlung angepaßten Mietshäusern der Randbebauung. Manche Einwohner erinnern sich noch gerne an die Café-Konditorei Karl Gielnick, an das Blumengeschäft Werner oder an das Hotel-Restaurant Nestler, dessen Inhaber in der Dubrowstraße wohnte.

Große Villen und stattliche Landhäuser stehen auf beiden Seiten der Argentinischen Allee, die damals Grunewaldallee hieß und an der Fischerhüttenstraße auch im Grunewald endete. Inmitten eines sternförmig am Mexikoplatz zusammentreffenden Straßennetzes liegt der Waldsee.

Wir erreichen das idyllisch gelegene, von den großen Gärten der Villen umgebene Gewässer nur über den Erdmann-Graeser-Weg. Eine kleine Brücke erlaubt den Einblick nach beiden Seiten. Dichter Baumwuchs schützt die Grundstücke vor allzu neugierigen Blicken. Und doch wird der Wunsch wach, ein paar Sommertage an dem stillen See verbringen zu dürfen. Gleichzeitig mit dem Beginn der Besiedlung wurde der Waldsee als Vorfluter für Grund- und Regenwasser künstlich angelegt, indem man ein als »Zehlendorfer krummes Fenn« bezeichnetes Sumpfgebiet ausbaggerte. Kurt Trumpa weiß zu erzählen, daß die Grundstücke am See damals den Höchstpreis von 30 Mark pro Quadratmeter erzielten, im Gegensatz zu den sonst üblichen 15 Mark in dieser lukrativen Gegend.

1922 wurde für die Fabrikanten Knobloch & Rosenmann jenes komfortable Wohnhaus gebaut, das in den Nachkriegs-

Beerenstraße, Zehlendorf-West und Lindenthaler Allee hieß der heutige
S-Bahnhof Mexikoplatz in seiner Vergangenheit. Foto von 1941

Der Mexikoplatz in Zehlendorf-West nach einem Entwurf
des Gartenarchitekten Emil Schubert. Foto von 1939

jahren unter dem Namen »Haus am Waldsee« nicht nur für Berliner als kultureller Treffpunkt ein Begriff wurde. Nachdem das Grundstück mehrmals die Besitzer gewechselt hatte, zeigten 1941 die Reichsschrifttumskammer und die Reichsröntgenstelle Interesse dafür. Die Villa sollte für Schulungsbzw. Laborzwecke genutzt werden. Den Anträgen wurde auf Grund des reinen Wohnsiedlungscharakters der Umgebung nicht stattgegeben. So zog im März 1942 der Vizepräsident der Reichsfilmkammer Karl Melzer in das Haus. Nach dem Krieg richtete der Regisseur Fritz Genschow im Garten die »Frichtlichtbühne am Waldsee« ein, die schon 1945 mit großem Erfolg Shakespeares »Sommernachtstraum« aufführte. Damit war der Grundstein gelegt für die kulturelle Bedeutung des Hauses. Das Kunstamt bekam 1946 Räume. Weitere Theateraufführungen, Musikabende sowie ein wechselvolles Kunstausstellungsprogramm ließen das »Haus am Waldsee« zu einer Institution werden.

Der 1929 eröffnete U-Bahnhof Krumme Lanke wurde Endstation der als Einschnittbahn angelegten Strecke, die seit 1913 am Dahlemer Thielplatz endete. Erst einmal war das eine weitere Verkehrsanbindung an die Kolonie Zehlendorf-West. Aber der Bahnhof mit der harmonisch in die Umgebung passenden halbrunden Eingangshalle, die Ende der achtziger Jahre total erneuert werden mußte, diente auch dem rasch zunehmenden Ausflugsverkehr. Von hier aus kamen die Berliner bequem zum Schlachtensee, an die Krumme Lanke und weiter in den Grunewald bis an die Havel. Auch den Patienten und Besucher des 1904–1906 errichteten Waldsanatoriums (Krankenhaus Waldfriede), eine Einrichtung der »Gemeinschaft der Siebenten-Tage-Adventisten«, kam der neue Bahnanschluß gelegen. Vor dem Krankenhaus, dessen Leitung nach dem Ersten Weltkrieg der Schweizer Arzt Dr. Conradi übernahm, finden wir leider nur noch die Reste einer ehemaligen Parkanlage im Jugendstil.

Dem Spaziergänger bleibt es vorbehalten, von hier eine Station mit der U-Bahn zu fahren, um die Onkel-Tom-Siedlung zu erreichen. Wir biegen hinter dem Bahnhof in den Poßweg und dann in die Wilskistraße ein, die bis hin zum Oskar-Helene-Heim denselben Bogen macht wie die U-Bahn-Trasse und die Argentinische Allee. Die Namen Zinnowweg und Zinnowwaldschule verraten uns, daß die Zehlendorfer Bauernfamilie Zinnow mit dieser Gegend verbunden gewesen sein muß. Tatsache ist, daß sich noch 1914 Wald und Heide, zum großen Teil im Besitz der Zinnows und der Pasewaldts, bis in die unmittelbare Nähe des Zehlendorfer Gemeindefriedhofs erstreckten.

Hinter der 1929–1931 von Erich Schwiertz gebauten Zinnowwaldschule (1934 von Ermisch erweitert), liegt am Siebenendenweg das »Ernst-Reuter-Sportfeld«. Das ganze Areal entstand einmal aus einem Spielplatz und einem Sonnenbad im Zinnowwald. Seit 1920 ist der Sportverein Zehlendorf 88 mit 2.179 aktiven und passiven Mitgliedern (1988) hier genauso zu Hause wie Berlins an Mannschaften größter Fußballclub Hertha 03 Zehlendorf. Im Laufe der Jahre entstanden neben den Clubhäusern eine Sporthalle und ein Hertha-Vereinshaus an der Onkel-Tom-Straße.

An der Ernst-Moritz-Arndt-Kirche stehen wir bereits am Rande der 1926–1932 von den Architekten Bruno Taut, Hugo Häring und Otto Salvisberg für die GEHAG entworfenen und gebauten Onkel-Tom-Siedlung, die mit 1.918 Wohneinheiten, davon 810 Einfamilienhäusern, seit 1982 geschützter Baubereich ist, um die architektonische Besonderheit des Viertels zu erhalten.

Doch wenden wir uns noch einmal der Ernst-Moritz-Arndt-Kirche zu. Sie gehört zu den beiden Berliner Gotteshäusern, die als einzige zwischen 1933 und 1945 gebaut worden sind. Das war auch nur möglich, weil die Baupläne des Architekten Diez Brandi seit 1930 fertig vorlagen und das Reichsfinanzministerium 200.000 Mark aus dem Fonds der Arbeitsbeschaffungsmaßnahmen bewilligt hatte. Der Regierung war ja zu der Zeit sehr daran gelegen, die Arbeitslosen, egal wie, von der Straße zu bekommen. So konnte die Einweihung am 16. Juni 1935, allerdings unter der versuchten Einflußnahme der Nationalsozialisten, stattfinden.

Die Autorin Cornelia Dannenberg schreibt in dem Faltblatt »Zehlendorfer Ansichten Nr. 1«, daß die SA als Hilfstruppe der NSDAP bis zum Januar 1933 in dieser Gegend kaum Fuß fassen konnte. Erst danach begannen die Braunhemden der »Ortsgruppe Schlieffen« in der Siedlung mit Durchsuchungen und Verfolgungen. »Aber trotz der unmittelbaren Nachbarschaft der Onkel-Tom-Siedlung zur SS-Siedlung an der Krummen Lanke und der NSDAP-Geschäftsstelle am Ithweg sind mancherlei gefahrvolle Widerstandsaktionen durchgeführt worden«.

Im Haus Am Fischtal 28 war der Treffpunkt der sozialistischen Widerstandsgruppe »Neu Beginnen«, und das noch bis 1936/37. Im Eisvogelweg 71 wohnte der sozialdemokratische Reichstagsabgeordnete Julius Leber. Ernst von Harnack wohnte Am Fischtal Nr. 8. Leber und Harnack wurden nach dem gescheiterten Attentat auf Hitler Anfang 1945 hingerichtet.

Dem Besucher der Ernst-Moritz-Arndt-Kirche fallen sofort die Gemälde des Malers Kohler »Sündenfall«, »Kreuzigung« und »Auferstehung« auf der hölzernen Deckenverkleidung des Kirchenraums auf. Nicht nur der Name der Kirche läßt sich mit der Zeit ihrer Entstehung in Verbindung bringen, auch die eigenartige Wetterfahne auf dem Turm ist sehr umstritten. Die Jahreszahl 1934 zwischen dem Preußischen Adler und dem Eisernen Kreuz erinnert an die zerstörte Garnisonkirche in Potsdam, auf deren Turmspitze Preußens Adler zur Sonne aufstieg, und deren Achse auf einem, der Form nach, eisernen Kreuz stand, das eine Königskrone zierte.

Die Onkel-Tom-Siedlung, nach ihrer Fertigstellung von den Berlinern wegen der Flachdächer auch »Onkel Tauts Hütten« oder in Anbetracht der Buntheit »Papageiensiedlung« genannt, wird begrenzt von der Onkel-Tom-Straße, den Straßen Am Fischtal, Holzungsweg und Am Hegewinkel. Die 1926 vorgelegten Baupläne stießen erst einmal auf heftigen Wider-

Bauarbeiten in der Onkel-Tom-Siedlung im Jahr 1927/28. Rechts von der Schlieffenstraße beginnt hier noch der Grunewald

stand und wurden trotz der großen Wohnungsnot abgelehnt. In der lokalen Presse hieß es sogar: die geplanten Häuser machten den »Eindruck orientalischer Gefängnisse aus Palästina oder Italien« und stellten mit ihren flachen Dächern und den ausgebauten Dachgeschossen »den Gipfel der Geschmacklosigkeit« dar. Jedenfalls soll es einen regelrechten Krieg zwischen den Befürwortern der Spitzdächer und denen der Flachdächer gegeben haben, wobei die letzteren sich schließlich doch durchsetzen konnten. Nach 1933 baute man natürlich nur Häuser mit spitzem Dach.

Ganz neu waren Tauts Ideen einer umfangreichen Begrünung der Waldsiedlung nicht, denn die Gartenstadtbewegung, der auch er angehörte, hatte schon einige Jahre Erfahrung sammeln können. Auffallend war die wechselnde bunte Farbgebung der Außenfronten und die Ausrichtung der Häuserreihen möglichst nach Süden – dem Licht zugewandt. Beginnend mit der Bebauung der Wilskistraße entstanden in sieben

Bauabschnitten Wohnungen mit 2 bis 4 Zimmern. Die ursprüngliche Idee, hier auch Arbeiterfamilien aus der Innenstadt unterzubringen, erfüllte sich wegen der zu hohen Belastungen nicht.

Ein Herzstück der Siedlung ist der U-Bahnhof Onkel-Toms-Hütte, dessen Umbauung 1932 abgeschlossen werden konnte. Eingefaßt von langen Wohnblöcken längs der Bahnhofsanlagen, entstanden in Bahnsteighöhe zwei Ladenstraßen. Ein Glasdach über dem Bahnsteig sorgt für das notwendige Tageslicht. Der Architekt Alfred Grenander stellte sich mit seinen Entwürfen einen Ort nachbarschaftlicher Begegnungen vor. So plante er ein Kino, ein Postamt und auch ein Café mit ein.

Doch die von Alfred Schild projektierte Gestaltung der Zugänge zu den Ladenstraßen mit elegant geschwungenen Überbauten, die Büros, Geschäfte und Restaurants aufnehmen sollten, wurde von den an die Macht gekommenen Nationalsozialisten verhindert. Diese interessanten Pläne können heute nur noch im Bauhaus-Archiv eingesehen werden. Aber damals wie heute sind die Geschäftspassagen, die bei jedem Wetter besucht werden können, das zweite Einkaufszentrum Zehlendorfs.

Es bleibt uns überlassen, jetzt der Riemeisterstraße in Richtung Grunewald und Rodelbahn zu folgen, die übrigens mit dem beim U-Bahn-Bau ausgehobenen Erdreich angelegt wurde, oder auf der anderen Seite den Fischtalpark zu besuchen. Die Gartenbauarchitekten Schubert und Dietrich haben den Fischtalgrund in den Jahren der Wirtschaftskrise 1925–1929 mit Notstandsmitteln angelegt. Auch hier gibt es übrigens eine Rodelbahn.

An der Waltraudstraße befinden wir uns hinter dem Gelände des Oskar-Helene-Heims, das am 27. Mai 1914 in Anwesenheit der Kaiserin eingeweiht wurde. Zu Beginn unseres Jahrhunderts erkannte der Arzt Dr. Konrad Biesalski (1868–1930) immer mehr, wie schlecht es um die Versorgung der sogenannten Krüppel bestellt war. Mit der Unterstützung des

1914 wurde das Oskar-Helene-Heim an der Cecilien-Straße
(heute Clayallee) eingeweiht. Foto um 1925

Ehepaars Oskar und Helene Pintsch gründete der rührige
Arzt 1905 den »Krüppel-, Heil- und Fürsorgeverein für Ber-
lin-Brandenburg«.

Eine großzügige Stiftung des Ehepaars Pintsch von 500.000
Goldmark sowie öffentliche Zuschüsse erlaubten den Baubeginn des Hauses an der heutigen Clayallee. Der Erste Weltkrieg brach aus, und aus dem Haus wurde sofort ein Lazarett
für die Versehrten dieses grausamen Krieges, was ja eigentlich nicht im Sinne der Stifter gewesen sein konnte, weil die
Menschen, denen sie helfen wollten, nun wieder draußen vor
der Tür blieben. Neben Biesalski machte sich der Heilpäd-
agoge Hans Würtz verdient um die Arbeit in der Versehr-
tenanstalt. Nachdem Biesalski, viel zu früh, verstorben war,
wurde Würtz 1933 aus politischen Gründen entlassen und
ausgewiesen.

Nach 1945 wurde das Oskar-Helene-Heim, dessen Schwe-
stern- und Gymnastikschule nicht unerwähnt bleiben darf,
unter Prof. Dr. Witt Universitäts- und Poliklinik. Von der Ar-

77

beit und den Leistungen der orthopädischen Werkstatt, in der
Behinderte beschäftigt werden, konnte sich der Chronist vor
ein paar Jahren selbst überzeugen. Kurt Trumpa schreibt:
»Eine kleine Stadt für sich, darf man wohl sagen, in der jährlich ca. 5.000 Patienten behandelt werden«.

Das alte und das neue Dahlem

Ein Blick auf die Karte zeigt, daß die U-Bahn-Trasse, die bis zum Bahnhof Podbielskiallee als Einschnittbahn angelegt ist, Dahlem in zwei Hälften teilt. Während es auf der südöstlichen Seite nur so wimmelt von den unterschiedlichsten Universitätsbauten, Instituten und Museen, reihen sich auf dem nordwestlichen Terrain die Villen und Landhäuser wie nebeneinander gelegte Perlenketten um das alte Dorf Dahlem.

Die St.-Annen Kirche an der Königin-Luise-Straße Ecke Pacelliallee, älteren Bürgern noch als Cecilien-Allee bekannt, ist eine der ältesten Kirchen Berlins. Wahrscheinlich wurde das Kirchlein zwischen 1210 und 1230 auf einem kleinen Hügel in einer Sumpf- und Waldwildnis von Mönchen erbaut, ging es doch darum, dem hier immer noch herrschenden heidnischen Treiben ein Ende zu bereiten. Weil die Mönche aber sicher nicht nur eine Kirche in die Einöde setzten, muß es hier zu der Zeit eine Ansiedlung gegeben haben. Das bedeutet, daß Dahlem schon vor der ersten urkundlichen Nennung als »Dalm« 1375 existiert hat.

In der zweiten Hälfte des 15. Jahrhunderts erhielt das Kirchenschiff einen hohen, den Altbau überragenden spätgotischen Chorraum. Nachdem St.-Annen 1620 in den Wirren des Dreißigjährigen Krieges abbrannte, ließ Cuno Johann von Willmerstorff, der das Lehen Dahlem 1671 übernahm, die Kirche von Grund an neu aufbauen. Auf dem Altar ist die geschnitzte Gestalt der Schutzpatronin »St. Anna selbdritt« zu erkennen. Die kurz vor 1400 entstandenen gotischen Wand-

79

gemälde, die Feuer und Umbau überlebt haben, gehören zu den wertvollsten ihrer Art in Deutschland.

1832 setzte man eine Stange mit sechs Signalarmen auf den Turm der Kirche. Es war die Station II des gerade einsetzenden optischen Telegrafenverkehrs auf der Strecke Berlin–Koblenz. Der alte Turm wurde am 24. April 1945 bei den letzten Kämpfen von einer Granate getroffen und schwer beschädigt. Auch eine Glocke wurde zerschossen. Als Ersatz entstand der gedrungene Turm, den wir heute auf St.-Annen sehen. Leider hatten die Soldaten Napoleons 1813 ein im Kirchturm untergebrachtes Ortsarchiv zerstört, so daß der Nachwelt wertvolle Hinweise auf die Geschichte der Kirche und Dahlems verloren gegangen sind.

Der Zehlendorf-Chronist Fritz Krüger schrieb über St. Annen: »Diese Dorfkirche, deren Festigkeit allen Stürmen der großen Kriege trotzte, ist ja der zuverlässige Zeuge, der bis heute Aussagen über die askanische Kolonisation machen kann.«

Nur wenige Schritte hinter dem von einer Feldsteinmauer umgebenen Friedhof steht das 1910 bezogene evangelische Pfarrhaus der Gemeinde, seit 1982 »Friedenszentrum Martin-Niemöller«. Hier arbeitete und wohnte der 1892 in Lippstadt (Westfalen) geborene Pfarrer Niemöller, der 1931 nach Dahlem kam. Zwischen 1933 und 1938 wurde die Dahlemer Gemeinde mit ihren Pfarrern zum Mittelpunkt des Kirchenkampfes gegen die Diktatur der Nationalsozialisten. Am 1. Juli 1937 verhaftet, kam Niemöller nach einer Gefängnishaft in das Konzentrationslager Sachsenhausen und 1941 nach Dachau, wo er kurz vor seiner Liquidierung durch die SS 1945 von den Amerikanern befreit wurde.

Inmitten der Königin-Luise-Straße, auf den Resten der Dorfaue, gibt es einen Hügel, auf dem seit 1927 ein Denkmal für die 131 im Ersten Weltkrieg gefallenen Dahlemer Einwohner steht. Davor führt eine mit Eisenscharnieren versehene, in einen gemauerten Rundbogen eingelassene Holztür in den Hügel hinein. Lange Zeit wurde dieses Kellerbauwerk von den

Die Dahlemer St. Annen-Kirche um 1939. Der kleine Kirchturm
wurde 1945 zerstört

Dahlemern »Backofen« genannt. Dem entgegen hielt sich aber
auch das Gerücht, daß es hier früher einen geheimen unter-
irdischen Gang von Dahlem bis zur alten Hakeburg in Kleinmachnow gegeben haben soll. Cuno von Willmerstorff war
nämlich mit einer Elisabeth Hake verheiratet. Das war natürlich ein Ammenmärchen und kaum möglich, wenn man sich
die Entfernung und die Beschaffenheit der Landschaft zwischen den beiden Punkten ansieht. Das Rätsel blieb erst einmal ungelöst.

Erst der den Berlinern noch gut bekannte Kurt Pomplun
kam dem Geheimnis auf die Spur. Als Soldat fand »Kutte
kennt sich aus« 1941 in Polen eine ähnliche Anlage, die einem
Schloß als Eiskeller diente. Zehn Jahre später einigten sich die

Ein agrarhistorisches Museum befindet sich heute in dem restaurierten Herrenhaus der Domäne Dahlem. Über dem Eingang das Doppelwappen der Willmerstorffs und der Hakes

Fachleute darüber, daß es sich in Dahlem auch um einen Eiskeller gehandelt haben müsse, der von den Willmerstorffs zu Beginn des 18. Jahrhunderts angelegt worden war, um das im Winter aus den Seen herausgesägte Eis möglichst lange zu bewahren. Übrigens befindet sich so ein aus Feldsteinen gebautes Kellergewölbe auch unterhalb der neuen Hakeburg dicht am Machnower See. Die Amerikaner legten im August 1945 in dem Eiskeller in Dahlem eine Champignonzucht an.

Mit der Hilfe des 1976 gegründeten Vereins der »Freunde der Domäne Dahlem« wurde aus den schon recht heruntergekommenen Gebäuden der Domäne wieder ein Modellgutshof und ein landwirtschaftliches Anschauungsstück für die Berliner. Ernte-, Schlachtefeste und andere Veranstaltungen locken in jedem Jahr Tausende an. In dem renovierten Gutshaus ist heute ein agrarhistorisches Museum untergebracht.

1450 war das Rittergut im Besitz einer Familie von Milow.
1671 begann die Familie von Willmerstorff mit der Bewirt-
schaftung. Sie gab dem Bezirk Wilmersdorf seinen heutigen
Namen. Auf alten Fundamenten wurde damals das heutige
Herrenhaus errichtet. Teile eines spätmittelalterlichen Vor-
gängerbaus wurden dabei mit einbezogen. So blieb eine alte
Kapelle erhalten, die ein spätgotisches Deckensterngewölbe
besitzt.

1841 verkaufte die damalige Besitzerin Charlotte von Ger-
lach das Gut an den preußischen Fiskus. Es wurde eine Domäne, ein Staatsgut. Damals bestand das Dorf nur aus 12
Wohnhäusern und 15 anderen Bauten, die von 174 Personen
bewohnt wurden. Das änderte sich erst nach 1901 schlagartig,
als das preußische Abgeordnetenhaus die Aufteilung des
531 Hektar großen Domänengeländes zur Anlage eines »vor-
nehmen Villenortes« genehmigte. Es hieß, daß das Terrain für
Arbeiterwohnungen zu teuer wäre. Bis zum Jahre 1905 gab es
dann schon über sechzig Villen und Landhäuser in Dahlem.
Eingeplant waren aber auch große Freiflächen für spätere
Staatsbauten.

Dem Herrenhaus gegenüber erstreckt sich unter hohen Bäumen der »Alte Krug« an der Dorfaue, der sich im Besitz des
Zehlendorfer Bezirksamtes befindet und verpachtet wird. Das
war wohl schon früher so, denn bereits 1910 berichtete das
»Teltower Kreisblatt«, daß der Dahlemer Gasthof »Alter
Krug«, in dem schon Friedrich Wilhelm II. wiederholt eingekehrt wäre, für jährlich 8.200 Mark neu verpachtet worden
sei. Einige Zeit davor, um 1866, wurde der Krug von dem
Gastwirt Gustav Schober bewirtschaftet. Der Ausschank war
aber wegen der geringen Einwohnerzahl kein Geschäft. Darum mußte die Familie nebenbei noch einen Milchhandel be-
treiben.

Die Häuser der ehemaligen Gutsarbeiter, die den Dorfkrug
umgeben, sind, zumindest auf den ersten Blick, wesentlich
besser erhalten als die Düppeler Insthäuser am Königsweg.
Schon darum lohnt es sich, einmal durch die Reihen der aus

83

Der »Alte Krug« an der Dahlemer Dorfaue

der zweiten Hälfte des 19. Jahrhunderts stammenden Häuser und Ställe zu gehen bis zu dem Weg, der zum U-Bahnhof Dahlem-Dorf führt.

Der Kaiser soll damals den Wunsch geäußert haben, dem U-Bahnhof wegen seiner ländlichen Umgebung ein möglichst rustikales Aussehen zu geben. So entstand mit dem reetgedeckten Fachwerkbau einer der schönsten U-Bahnhöfe Berlins. Daran konnte auch ein Brand in der Nacht vom 26. zum 27. Dezember 1980 nichts ändern. Das Empfangsgebäude entstand neu in altem Glanz.

Auf der dem U-Bahnhof gegenüberliegenden Straßenseite führt die Archivstraße an der Bahn entlang zum Geheimen Staatsarchiv. Mit dem Bau des monumentalen Gebäudes war schon vor dem Ersten Weltkrieg begonnen worden, eröffnet wurde es aber erst im März 1924. 1945 brannte ausgerechnet der »feuerfeste« Anbau des Hauses völlig aus. Kurz davor, Im Winkel Nr. 6, liegt das Museum für Volkskunde.

Auf Wunsch des Kaisers entstand der U-Bahnhof Dahlem-Dorf 1912/13
in ländlicher Schönheit

Nach der Jahrhundertwende schossen staatliche Bauten in
Dahlem auf den dafür vorgesehenen Flächen nur so aus dem
Boden. 1903 begann man mit dem Bau des Botanischen Mu-
seums am Rande des gerade im Wachsen begriffenen neuen
Botanischen Gartens, der in dem Jahr auch zum ersten Mal
für das breite Publikum geöffnet wurde. Logischerweise sie-
delte sich an der heutigen Königin-Luise-Straße die Königliche Gärtner-Lehranstalt an, die der Landwirtschaftsminister
Podbielski im Oktober 1903 einweihte. Aufgrund eines kaiser-
lichen Beschlusses baute man auch die heutige Biologische
Bundesanstalt für Land- und Forstwirtschaft hier draußen,
weit ab von der Stadt, denn dem Kaiser waren die Infek-
tionserreger nicht ganz geheuer. Seit hundert Jahren forschen
hier ca. 150 Mitarbeiter nach den Erregern von Pflanzen-
Krankheiten. Am 1. April 1904 eröffnete das Königliche Ma-
terial-Prüfungsamt (heute Unter den Eichen). Das Königliche

Arndt-Gymnasium nahm seinen Lehrbetrieb 1909 auf, und 1911 wurde mit dem Bau verschiedener Forschungsinstitute der Kaiser-Wilhelm-Gesellschaft angefangen (ab 1948 Max Planck-Gesellschaft). Und das waren noch lange nicht alle staatlichen Einrichtungen, die sich »Königlich« oder »Kaiserlich« nannten, und die das jahrhundertelang vor sich hinträumende Dahlem so plötzlich heimsuchten.

Wir gehen die Königin-Luise-Straße noch ein kurzes Stück weiter hinauf bis zur katholischen Kirche St. Bernhard. Hinter dem 1917 fertiggestellten, aber erst 1919 in Betrieb genommenen Postamt gibt es eine weitere historische Stelle des alten Dahlem. Hier, auf einer Anhöhe, stand die letzte Bockwindmühle, die 1847 aufgebaut wurde, nachdem ein Sturm die 1694 von den Willmerstorffs errichtete Mühle zerstört hatte. 1905 fand die Verwaltung der Domäne keinen neuen Mühlenpächter mehr. Es folgte der Abriß.

Die Lansstraße führt uns zu den von verschiedenen Universitätsgebäuden umgebenen Staatlichen Museen Dahlems. 1904/05 fing es auf dem Gelände der Domäne mit einem Schuppen an, der als Magazingebäude für die Sammlungen des Völkerkundemuseums in der Königgrätzer Straße gedacht war. Am 17. April 1914 war dann Baubeginn für ein Asiatisches Museum zwischen der Lansstraße und der Arnimallee. Auch dieses Haus konnte infolge des Krieges erst 1923 bezogen werden. Eine Kommission bekannter Architekten arbeitete seit 1956 an den Plänen für die Erweiterungsbauten, die in den Jahren nach 1964 fertiggestellt wurden, so daß sich hier heute verschiedene Museen konzentrieren.

Über den Kiebitzweg erreichen wir die Habelschwerdter Allee. Die von einer Pariser Architektengruppe entworfenen, 1973 im ersten Bauabschnitt fertiggestellten Bauten der Freien Universität werden von der Bevölkerung wegen des verwandten selbstrostenden Materials respektlos »Rostlaube« genannt. Da aber beim Bau auch Asbest verwandt wurde, mußte die »Rostlaube« 1989 vorübergehend geschlossen werden.

Der weithin sichtbare Turm der 1931 eingeweihten Jesus-Christus-Kirche überragt die Grünanlagen des Thielparks. Carl P. Melms schreibt in seiner Chronik von Dahlem, daß der vom Bildhauer Ludwig Isenbeck geschaffene gekreuzigte Christus über dem Eingang der Kirche vielen Leuten nicht gefällt. Wahrscheinlich sind die Kritiker nicht lange genug davor stehengeblieben, um das Gesamtbild auf sich wirken zu lassen, denn Kirche und Kunstwerk zusammen betrachtet, ergeben durchaus eine sinnvolle Einheit.

Nach der Überquerung des Faradayweges und der Van't-Hoff-Straße gelangen wir in das eigentliche Zentrum der am 4.12.1948 ins Leben gerufenen Freien Universität Berlin. Der zunehmende politische Druck auf die Studenten und Dozenten in der Ostberliner Humboldt-Universität hatte zur Neugründung geführt. 1951 bewilligte die Henry-Ford-Stiftung der Freien Universität eine Spende zum Bau einer Bibliothek, der Mensa und des Auditorium maximum an der Garystraße. Der Bau der von den Architekten Hermann Feling und Peter Pfankuch entworfenen Mensa und des von den Architekten Heinrich, Sobotka und Müller geplanten Henry-Ford-Baues wurde 1954 fertiggestellt.

Die Zahl der eingeschriebenen Studentinnen und Studenten ist von 2.140 im Jahr 1948 auf 62.000 im Jahr 1992 angestiegen. Und diese Masse studierender junger Menschen verteilt sich über den ganzen Südosten Dahlems. Man begegnet ihnen auf Schritt und Tritt, wenn nicht gerade Semesterferien sind.

Der Rückweg führt uns zum Thielpark und wieder auf die andere Seite der U-Bahn in den 1930–1934 angelegten »Schwarzen Grund«. Am Rande der ausgedehnten Parkanlage, dicht an der Straße Am Anger, liegt der sogenannte »Thielstein«, ein rund 1.000 Zentner schwerer, 20 m^3 umfassender Felsbrocken. Er wurde 1911/12 beim Bau der U-Bahn-Linie freigelegt. Selbst 18 Ochsen der Domäne Dahlem konnten den Koloß, den gewaltige Packeismassen in der Eiszeit hierher transportiert hatten, nicht von der Stelle rücken.

Erst unter dem Einsatz technischer Hilfsmittel konnte der Fels-brocken vierzig Meter weiter gerückt werden. Der Thielpark selbst hat mit seinen Teichen und sanft begrünten Hängen in jeder Jahreszeit seinen Reiz.

Achter Spaziergang

Was Friedhöfe erzählen

»Friedhöfe sind gar nicht ›so tot‹, wie man zunächst meint. Grabsteine und ihre Inschriften können uns noch heute interessante Berührungspunkte mit der Geschichte bieten. Sie erzählen dem, der zu hören weiß, eine Menge spannender Einzelheiten.« Zu diesen Erkenntnissen kam die Schülergruppe einer 6. Klasse der Süd-Grundschule Zehlendorf, die sich 1986/87 unter der Anleitung ihres Geschichtslehrers mit der Erkundung des kleinen 1831 angelegten Schönower Friedhofs am Teltower Damm beschäftigte (Spaziergang 2).

Seit 1968 finden in Schönow keine Beisetzungen mehr statt, aber noch immer sind viele der 553 Grabstellen, darunter auch die der 1945 bei den Kämpfen um Berlin Gestorbenen, unter den alten Eichen und Birken mit frischen Blumen geschmückt. Die Namen des Schönower Gemeindevorstehers Carl Zinnow (1853–1918) und seiner Frau Henriette finden sich am Mittelweg. Vom Bauerngutsbesitzer Johann Haupt (1830–1892), über Wilhelm Haupt (1849–1917) bis zu Hermann Haupt (1887–1959) werden die Namen, gemeinsam mit denen ihrer Frauen, auf zwei obeliskförmigen Grabsteinen genannt.

So fanden die Schüler der Südschule auch die Gräber der Lehrer Markus und Roeschke, die vor 1914 in der Schönower Gemeindeschule am Machnower Weg tätig waren, bevor sie zur Südschule hinüberwechselten, an der Rektor Gustav Schulze (1880–1949) seinen Lehrerdienst versah. Auch sein Grab liegt auf dem kleinen Friedhof.

Allein im Bezirk Zehlendorf gibt es 15 Kirch- und Friedhöfe oder einzeln gelegene Grabstellen. Darum sollen uns an dieser Stelle hauptsächlich die Friedhöfe interessieren, die direkt an den zuvor aufgezeichneten Wegen liegen. Vorher schon haben wir den Gedenkstein für den Dichter Heinrich von Kleist (1777–1811) am Kleinen Wannsee (Spaziergang 4), den kleinen Privatfriedhof der Familie von Heinrich Laehr (1820 bis 1905) im Schönower Park (Spaziergang 2) und das Waldgrab des Salz- und Holzschiffahrtsdirektors Friedrich Wilhelm Bensch (1780–1858) hinter dem Forsthaus »Dreilinden« (Spaziergang 3) kennengelernt.

Wo es früher in unserem Siedlungsraum eine Kirche gab, wie in Stolpe, in Dahlem oder in Zehlendorf, wurde sie von einem Kirchhof umgeben. Für die Bewohner der Dörfer war der Besuch der Kirche zugleich ein Besuch ihrer Verstorbenen, die alle mit den Gesichtern der aufgehenden Sonne zugewandt beigesetzt wurden und so stets teilhaben sollten an den Gottesdiensten. Feste Feldsteinmauern umgaben ferner die Kirchhöfe, hielten alles Störende von der Gemeinsamkeit fern.

So finden wir auch den alten Dorfkirchhof in Zehlendorf-Mitte vor, zur Straße hin abgeschirmt von einer 1826 errichteten Feldsteinmauer (Spaziergang 1). Inmitten des heute denkmalgeschützten Kirchhofs steht die 1768 erbaute achteckige Kirche, deren Kirchhof noch älter ist. Eine liegende Grabplatte von 1803 deutet auf die älteste noch vorhandene Grabstelle hin. Ab 1900 durften nur noch die Erbbegräbnisstellen genutzt werden. So war Emma Kühne, geb. Dubrow, 1936 die letzte Zehlendorferin, die hier bestattet wurde.

Auf dem alten Kirchhof gibt es keine pompösen Grabmäler, aber die künstlerisch tätigen Hände sind auf den Tafeln, Obelisken und hohen Kreuzen aus Gußeisen sehr wohl zu erkennen. Alte Zehlendorfer Namen, wie die der Haupts, Dubrows oder Zinnows neben dem bescheiden gestalteten Erbbegräbnis der Pasewaldts, erzählen vom Leben im Dorf. Die Gutsmitbesitzerin und Spenderin verschiedener Zehlendorfer Einrichtungen, Sidonie Scharfe (1834–1909), hat inmitten ihrer

Eines der alten Zehlendorfer Bauerngeschlechter waren die Zinnows

Familie nahe der Kirche ihre letzte Ruhe gefunden, während der Schullehrer, Küster und Chronist Ernst Ferdinand Schäde (1772–1861), der nebenbei die Seidenraupenzucht betrieb, unter den letzten, heute uralten Maulbeerbäumen beigesetzt wurde, die er selbst noch angepflanzt hatte.

Vergeblich sucht man nach Hinweisen auf den »Franzosenfriedhof«. Während der Freiheitskriege kam es im März 1813 im Dorf zwischen russischen Kosaken und abziehenden Franzosen zu einem Gefecht. Dabei verloren acht Franzosen und drei Russen ihr Leben. Sie wurden im hinteren Teil des Friedhofs begraben.

Mit der zunehmenden Einwohnerzahl reichte der Kirchhof, der seine Aufgabe über Jahrhunderte erfüllt hatte, nicht mehr aus. Darum legte die Gemeinde 1871/72 auf einem vier Morgen großen Gelände an der Spandauer Straße (Onkel-Tom-Straße) einen neuen Friedhof an (Spaziergang 1). Die Geschichtsforscherin und Archäologin Frau Müller-Lauter weiß in ihren Veröffentlichungen beeindruckend zu erzählen, wie das damals war, als der Totengräber Fähte 24 Jahre lang in aller Eigenwilligkeit seinen Friedhofsdienst versah.

1897 mußte der Friedhof zum Gemeindewäldchen hin erweitert werden. Elf Zehlendorfer Familien überließen der Gemeinde ein 58.800 Quadratmeter großes Stück Land zum Preis von fünf Pfennigen je Quadratmeter. Damit sicherten sie sich bis heute Erbbegräbnisstellen in der Nähe der 1885 gebauten ersten Friedhofskapelle, die wir noch gut erhalten vorfinden.

Wieder begegnen wir den alten Zehlendorfer Namen auf Schritt und Tritt. Gleich nach dem Passieren der kleinen Pforte vor der alten Kapelle ist auf der rechten Seite an der Mauer zum Wirtschaftshof die tempelartig gestaltete Ruhestätte der Familie Bathe zu sehen, deren Namen auch auf dem alten Kirchhof zu finden sind. Auf den in das Mauerwerk eingelassenen schwarzen Marmortafeln lassen sich ganze Generationen und Familienzusammenhänge ablesen, angefangen mit dem Besitzer des »Gasthaus zur goldenen Sonne« Fritz Bathe, der 1895 verstarb. Frau Hildegart Wöhler, geb. Bathe, läßt die Anlage sorgfältig pflegen.

Auffallend schlicht dagegen die Grabsteine auf den Familiengräbern der Bethges oder der Zinnows nur ein paar Schritte weiter. Rechts vor der Kapelle drei hohe Kreuze der Pfarrersfamilie Keyser. Von 1888 bis 1922 war der zur Legende gewordene Erich Keyser Seelsorger in Zehlendorf. Der Chronist erinnert sich noch gut daran, wie seine Mutter einmal zu ihm und den Geschwistern sagte: »Den ollen Pfarrer Keyser hättet ihr haben müssen! Der hätte euch die zehn Jebote schon beijebracht.« Einem Brief, den Pfarrer Keyser 1889 an seinen Vorgänger Pastor Stammer schrieb, ist zu entnehmen, daß es zu der Zeit recht munter auf dem Friedhof zugegangen sein muß. Er schrieb u.a., daß die Kinder aus den umliegenden Häusern ungehindert auf dem Friedhof spielten, daß Gräber und Blumenschmuck von umherspazierenden Erwachsenen achtlos zertreten wurden und daß kläffende Hunde die Trauerfeiern störten.

Als der erste Parkmeister der Gemeinde, Emil Schubert, 1903 sein Amt übernahm, entstand die Jugendstilmauer, die den Friedhof zum Gemeindewäldchen hin abgrenzt. Seit der Zeit gibt es wohl auch die eiserne Pforte, die heute noch die gleichen knarrenden Geräusche macht wie in den dreißiger Jahren.

An dieser Mauer, aus gelben Klinkern erbaut, mit einem von zwei Säulen getragenen Bogen, gibt es eine weitere Grabstätte der Familie Schmidt. Wer sich hier im alten Teil des Friedhofs einmal die Zeit nimmt, um die Namen miteinander zu vergleichen, wird zu der Auffassung gelangen, daß die Zehlendorfer früher alle miteinander verwandt gewesen sein müssen.

1906 legte Schubert die schöne Eichenallee des heutigen Mitteltrakts an. Er und sein Nachfolger Max Dietrich (seit 1925) verwandelten den Friedhof, der mehrmals nach Norden hin erweitert werden mußte, in eine Parklandschaft. Und am 1. Februar 1932 konnte die neue, vom Architekten Erich Schwiertz entworfene Kapelle ihrer Bestimmung übergeben werden.

Ein Lageplan am Haupteingang weist dem Besucher die Wege zu den Gräbern bekannter und verdienter Persönlichkeiten. Hier haben u.a. die Schriftsteller, Dichter oder Chronisten Hans Dominik (1872–1945), Ingeborg Drewitz (1933–1986), Erdmann Graeser (1870–1937), Julius Hart (1859–1930) sowie Paul Kunzendorf (1853–1923) ihre letzte Ruhestätte gefunden. Der Arzt Konrad Biesalski (im Zusammenhang mit dem Oskar-Helene-Heim erwähnt) wurde hier beigesetzt, wie auch Zehlendorfs erster Bürgermeister Hugo Köster (1859–1943) oder der Architekt Paul Mebes (1872 bis 1938).

Der zwischen 1835 und 1840 nach der Gründung des Vorwerks Neu-Zehlendorf (Gut Düppel) durch Friedrich Wilhelm Busch angelegte kleine Waldfriedhof nördlich des Königsweges in Höhe des Machnower Krummen Fenns ist in den Nachkriegsjahren verschwunden (Spaziergang 3). Der Zehlendorfer Schriftsteller Georg Lentz erzählt in seinen

»Märkischen Protokollen« von seiner Oma Bensch, deren »mit Efeu umranktes Grab« zwischen den dahinrostenden Eisengittern auf dem vergessenen Friedhof lag. Hier wurden wohl »nur« die Angehörigen der Düppeler Landarbeiterfamilien beigesetzt.

Der Kirchhof an der Stolper Kirche wurde schon um 1850 nicht mehr belegt (Spaziergang 4). Als Ersatz entstand der Friedhof an der heutigen Friedenstraße, den der Stolper Ortspfarrer Fintelmann 1846 einweihte. Hier ruhen der Maler Oskar Begas (1828–1883) und seine Tochter Marie, die mit 22 Jahren an einem Insektenstich in die Lippe gestorben sein soll. Wir finden die Gräber von Heinrich Beyer (1826–1887), dem Inhaber des ehemaligen »Gasthof Kohlhasenbrück« und vom Wannseer Fuhrunternehmer Gustav Hartmann (1859–1938), dem legendären »Eisernen Gustav«, der es den Kraftdroschkenfahrern noch einmal zeigen wollte, als er 1928 mit *einer* Pferdestärke von Berlin nach Paris und wieder zurück fuhr. Auch der schon früher erwähnte Maler Philipp Franck hat seine letzte Ruhe auf dem Friedhof gefunden, den er 1906 auf einer Radierung dargestellt hatte: Eine schwarz gekleidete alte Frau beugt sich, auf einen Stock gestützt, über ein Grab mit hell leuchtenden Blumen.

In Massengräbern sind an der Friedenstraße die meisten der im Frühjahr 1945 bei den Kämpfen um Wannsee ums Leben gekommenen Soldaten und Zivilisten beerdigt worden. Viele Soldaten blieben für immer unbekannt, weil ihnen befohlen worden war, Soldbücher, Wehrpässe und Erkennungsmarken wegzuwerfen oder zu vernichten.

Während auf dem Friedhof an der Friedenstraße eher die »einfachen Leute« begraben wurden, die Bauern, Handwerker, kleinen Kaufleute und Arbeiter, fanden die Bestattungen der sogenannten Herrschaften aus der Villen- und Landhauskolonie Alsen auf dem vom Volksmund so bezeichneten »Millionenfriedhof« an der Lindenstraße statt, der 1887 auf Initiative Wilhelm Conrads vom Kirchenbaumeister Johannes Otzen (1839–1811) angelegt wurde (Spaziergang 4).

Den Mittelpunkt des Neuen Friedhofs Wannsee bildet die von einer Mauer umgebene Erbbegräbnisstelle der verschwägerten Familien von Helmholtz/von Siemens mit der überragenden Stele für den Physiker und Physiologen Hermann von Helmholtz (1821–1894)

Wenn man den Friedhof durch das Portal mit gemauertem Spitzbogen und schrägem Ziegeldach betreten hat, dann wird man wohl unwillkürlich an das Lied denken vom letzten Hemd, das leider keine Taschen hat. Niemand kann etwas aus dieser Welt mitnehmen, aber man kann späteren Generationen zeigen, daß man etwas hatte und darstellte. Und das wurde in Wannsee besonders in den Jahren vor und nach der Jahrhundertwende reichlich gezeigt. Der Platz reicht nicht aus, um all die großen Namen auf den Grabmälern aufzuzählen, die oft von namhaften Künstlern und Bildhauern geschaffen wurden, so daß der Eindruck entstehen kann, daß diese sich auch hier verewigen wollten.

Vorn rechts an der Mauer der Grabstein des Nobelpreisträgers Emil Fischer (1852–1919). Der kleinen Kapelle gegenüber, in einem schweren liegenden Stein eingemeißelt, der Name des Chirurgen Ferdinand Sauerbruch (1875–1951). Der Mittelweg führt zu der großen, von einer besonderen Mauer umsäumten Ruhestätte der verschwägerten Familien von Helmholtz/von Siemens. Die Eisenpforte ist offen. Auf einer römischen Stele aus hellem Sandstein, die die rechts und links angelegten Familiengräber überragt, der Name des Arztes und Physikers Hermann von Helmholtz (1821–1894).

Ganz in der Nähe der von ihm gebauten »Neuen Kirche«, seit 1965 »Andreas-Kirche«, liegt das Familiengrab des Architekten Otto Stahn, auf das ein hockendes Mädchen hinabblickt, und rechts der Kirche die Ruhestätte des Baumeisters Otzen. Vor dem marmornen Grabmal mit einem eingearbeiteten strahlenden Kreuz der Familie Oppenheim wuchert trokkenes Unkraut. Längst ist die Zeit darüber hinweggegangen, ebenso über die links von der Kirche gelegene Ruhestätte der Guthmanns. »Chronos und Aufschwebende«, nennt Frau Müller-Lauter die Bronzegruppe zwischen den beiden stämmigen Bäumen, die nun nach hundert Jahren aus den Gräbern wachsen.

Uralt auch die Efeuranken auf den Grabhügeln vor dem Gedenkstein für den Gründer der Kolonie Alsen, den Kom-

Viele Jahre lang auf dem Wirtschaftshof des »Millionenfriedhofs« abgestellt:
die Bronzegruppe »Chronos und Aufschwebende« des Bildhauers
E. Westpfahl, jetzt wieder auf dem alten Platz der Grabstätte Guthmann

merzienrat Wilhelm Conrad (1822–1899), eingearbeitet in eine Mauerecke, aber doch an einem alles beherrschenden Platz. Ein paar Schritte weiter unter einer segnenden Christusfigur mahnt eine Tafel: »Wanderer, gehe leise über meines Grabes Flur – ich schlafe nur.«

Wir verlassen den alten Teil des »Millionenfriedhofs« über eine Baumallee mit den Kreuzen Gefallener des letzten Krieges und kommen vorbei an dem Grabstein eines Grafen und einer Gräfin Minotto-Sorma, einer Schauspielerin. Am hinteren Ausgang zur Lindenstraße blickt ein Krieger des Ersten Weltkrieges hinüber zu der in sich versunkenen Trauernden über den Gräbern der Familie des Verlegers Carl Langenscheidt (1832–1895).

Es lohnt sich, den der Nikolasseer Kirche gegenüberliegenden Kirchhof mit den Gräbern der Schriftsteller Kurt Kluge und Jochen Klepper zu besuchen. Nicht weit ist es von hier aus bis zum großen Zehlendorfer Waldfriedhof an der Potsdamer Chaussee, auf dem die erste Beerdigung im April 1945 stattfand.

Viele erinnern sich sicher noch an die große Trauerfeier, die im Jahr 1953 für den Regierenden Berliner Bürgermeister Ernst Reuter abgehalten wurde. Auch einer seiner Nachfolger im Amt, der unvergessene Willy Brandt, hat hier seine letzte Ruhestätte gefunden. Aber die Friedhöfe liegen etwas abseits von unseren Wegen, auch der Dahlemer Waldfriedhof, der 1931 eröffnet wurde. In der weitläufigen Anlage finden wir u.a. die Grabstellen des Lyrikers Gottfried Benn (1886–1956) und die des Autorennfahrers Bernd Rosemeyer (1909–1938).

Kehren wir zum Schluß noch einmal nach St. Annen in Dahlem zurück (Spaziergang 7). Die älteste Grabstätte ist die Gruft der Willmerstorffs in der Kirche. Der Kirchhof selbst ist klein. Alle Grabstellen, die nach Norden oder Westen zu etwas tiefer liegen, gehören zum städtischen Friedhof.

Der Chronist trifft einen freundlichen Friedhofsarbeiter, der ihn gern ein bißchen herumführt. Er kennt sich aus, denn er

Grabstelle der 1947 verstorbenen Schauspielerin Rotraut Richter,
die in Steglitz beheimatet war

wird immer wieder einmal nach einem bestimmten Grab gefragt. Gleich vorn an dem an der Straßenkreuzung liegenden Eingang fällt der Gedenkstein für den engagierten Theologen Helmut Gollwitzer auf. Wir gehen hinten um das Gotteshaus herum und kommen in dessen Schatten zu den Gräbern des Soziologen und Revolutionstheoretikers Rudi Dutschke (1940–1979) und der Familie des evangelischen Bischofs Kurt Scharf (1902–1990).

Auf dem unteren Friedhofsteil deutet der Mann auf eine schief in den Angeln hängende kleine Gartenpforte und sagt: »Das Veilchen vom Potsdamer Platz! Ist 1947 gestorben die Kleene.« Auf einem Sockel steht eine Vase und erinnert mit den Worten »Unsere Rotraut Richter« an die beliebte Schauspielerin.

An dem Ehrengrab des Nobelpreisträgers für Chemie Van't Hoff (1852–1911) vorbei kommen wir zu dem recht ramponierten, zur Zeit abgesperrten Mausoleum für Ludwig Leichner (1838–1912), Kommerzienrat und Chemiker. »War so'n bekannter Parfümfritze«, erklärt der Begleiter und deutet mit dem Harkenstiel nach oben auf die von 16 Marmorsäulen getragene zerstörte Kuppel. »Steht jetzt unter Denkmalschutz.«

Auffallend in der Mitte des Friedhofs ein von ihm selbst geschaffener bronzener weiblicher Akt auf der Grabstelle des Bildhauers Waldemar Grzimek (1918–1984). Viele bekannte Professoren und Wissenschaftler sind auf dem Dahlemer Dorffriedhof zur letzten Ruhe gebettet worden, aber auch bekannte Schauspieler, wie Paul Bildt, Horst Caspar, Aribert Wäscher und Werner Hinz. Käthe Dorsch ehrt ein etwas versteckter Gedenkstein.

Lange schon eingeebnet ist das Grab der im Jahr 1877 mit 27 Jahren verstorbenen Kaethe Branco, einer Tochter des Physikers Helmholtz. Man brachte ihren Grabstein nach Wannsee und holte ihn dann wieder zurück nach Dahlem. Heute steht er mit folgender Inschrift gleich rechts hinter dem Eingang auf dem Kirchhof von St. Annen:

Wer hat euch Wandervögeln
Die Wissenschaft geschenkt,
Daß ihr auf Land und Meeren
Nie falsch den Flügel lenkt?
Daß ihr die alte Palme
Im Süden wieder wählt
Daß ihr die alten Linden
Im Norden nicht verfehlt!

Ausgewählte Daten
zur Ortsgeschichte

Um	Gründung »Ur-Zehlendorfs« auf dem Gelände des heutigen Museumsdorfs Düppel
1242	Erste urkundliche Erwähnung beim Verkauf des Dorfes als »Villa Cedelendorp« an das Kloster Lehnin
1299	Das Dorf Schönow wird als »Schono« in einem Schriftstück zum ersten Mal erwähnt
1299	Das Dorf Stolpe, der ältere Teil von Wannsee, wird als »Slavica Stolpe, Wendisch-Stolpe« erstmals in Urkunden genannt
1375	Urkundliche Erwähnung Dahlems als »Dalm« im Dorfregister des Landbuchs Kaiser Karls IV.
1524	Das Rittergut Dahlem wird urkundlich erwähnt
1542	Ende der Reformation. »Czelendorff« geht in die kurfürstliche Verwaltung über
1542	Joachim II. legt den Grundstein zum Bau des Jagdschlosses Grunewald (zum grünen Wald)
1618	Zu Beginn des Dreißigjährigen Krieges hatte Zehlendorf 160 Einwohner, zwei Jahrzehnte später nur noch 15
1642	Pfarrer Christoph Eilert beginnt mit der Führung eines Kirchenbuches (bis 1793)
1665	erhält Zehlendorf durch den Amtsschreiber Herberger eine »Gemeine Dorf-Ordnungk«

1730	Friedrich Wilhelm I. läßt den Königsweg als Schnellweg nach Potsdam anlegen
1732	Der Soldatenkönig begrüßt auf dem Königsweg vertriebene Salzburger und gewährt ihnen Asyl
1754	Der Zehlendorfer spätere Probst von Kölln, Johann-Peter Süßmilch, richtet im Erbbraukrug eine Posthalterei ein
1768	Friedrich II. stiftet 6.000 Taler für den Bau einer neuen Dorfkirche
1772	Friedrich II. beauftragt den Kammerrat Hubert mit der Gründung der Kolonie »Neu-Zehlendorf« (Hubert-Häuser)
1792	Friedrich Wilhelm II. läßt die Straße von Berlin nach Potsdam zur ersten preußischen Chaussee ausbauen
1793	Friedrich-Wilhelm II. kauft die Pfaueninsel und läßt ein Lustschloß in Form einer Ruine errichten
1806	Berittene Franzosen setzen das Dorf Zehlendorf in Brand. Fünf Höfe brennen völlig nieder
1815	Beginn der von Stein und Hardenberg ausgearbeiteten Reformen (Separation oder Gemeindeteilung)
1828	Zehlendorf bekommt ein Schulhaus (heute Heimatmuseum). Schullehrer ist der Chronist Ernst-Ferdinand Schäde
1828	Der Salzschiffahrtsdirektor Friedrich Bensch gründet das Vorwerk Neu-Zehlendorf (Gut Düppel)
1838	Eröffnung der ersten preußischen Eisenbahnstrecke von Potsdam über Zehlendorf nach Berlin
1853	Dr. Heinrich Laehr gründet an der neuen Teltower Straße das »Asyl Schweizerhof« (Sanatorium für Nervenkranke)

1863	Wilhelm Conrad gründet die »Villenkolonie Alsen«
1872	Zehlendorf wird selbständige Landgemeinde
1874	Eröffnung der Wannseebahn
1894	Baubeginn der Villenkolonie Schlachtensee
1894	Das Dorf Schönow wird nach Zehlendorf eingemeindet
1898	Die Gemeinde Wannsee entsteht aus dem Dorf Stolpe und der Kolonie Alsen
1901	Beginn der Bebauung Nikolassees
1901	Genehmigung zur Anlage eines Villenortes auf dem Terrain der Domäne Dahlem
1904	Gründung des Völkerkundemuseums in Dahlem
1906	Nach über fünf Jahren Bauzeit wird der Teltow-Kanal eröffnet
1907	Eröffnung des Strandbades Wannsee
1912	Der Kaiser weiht das »Kaiser-Wilhelm-Institut für Chemie« in Dahlem ein
1913	Eröffnung der U-Bahn-Strecke bis zum Thielplatz (1929 Verlängerung bis Krumme Lanke)
1920	Der neue Verwaltungsbezirk Zehlendorf entsteht
1926–32	Bau der Onkel-Tom-Siedlung
1942	Am 20. Januar findet in der »Villa Minoux« die sogenannte Wannseekonferenz statt
1943	Beim ersten massiven Fliegerangriff auf Zehlendorf finden fünf als Luftwaffenhelfer eingesetzte Schüler den Tod
1945	Am 24. April überwinden sowjetische Truppen den Teltow-Kanal und nehmen Zehlendorf ein

1948	Gründung der Freien Universität
1958	Neuordnung der bezirklichen Verwaltung
1961	Die Grenzen zum Kreis Potsdam werden mit dem Mauerbau geschlossen
1972	Die Verbindungsstraße zur Exklave Steinstücken wird freigegeben
1989	Am 9. November Öffnung der Glienicker Brücke
1992	Zehlendorf feiert sein 750jähriges Bestehen

Literaturangaben

Austilat, Andreas/Winteroll, Michael: Stadtteilführer Zehlendorf, Berlin 1994

Bezirksamt Zehlendorf: Kleine Baugeschichte, Berlin 1970

Bezirksamt Zehlendorf: Zehlendorf in Zahlen, Berlin 1991

Bezirksamt Zehlendorf: Schulen in Zehlendorf, Berlin 1992

Bezirksamt Zehlendorf: 750 Jahre Zehlendorf, Berlin 1992

Bley, Peter: 150 Jahre Eisenbahn Berlin–Potsdam, Berlin 1988

Brasch, Georg: Das Wannsee-Buch, Wannsee 1927

Carus, Benno: Vom Vorwerk Neu-Zehlendorf zum Rittergut Düppel, Berlin 1992

Carus, Benno: Dorfbegehung – Zehlendorf, Berlin 1993

Curth, Roland: Der Schweizerhof/John-F.-Kennedy-Schule, Berlin 1992

Curth, Roland: Das Grab Heinrich von Kleists, Hist. Kommission, Berlin 1992

Fontane, Theodor: Wanderungen durch die Mark Brandenburg. Dritter Teil: Ost-Havelland. Die Landschaft um Spandau, Potsdam, Brandenburg, Berlin 1873

Fontane, Theodor: Wanderungen … Fünf Schlösser, Berlin 1889

Franck, Philipp: Stolper Erlebnisse. Ein Wannsee-Buch, Berlin 1984

Gemeinde Zehlendorf: Führer durch Zehlendorf, Zehlendorf 1914

Hübner-Kosney, Jürgen: Unterwegs in Zehlendorf, Berlin 1992

Kaak, Heinrich: Die Kirchengemeinde Dahlem, Berlin 1992

Kammrad, Horst: Düppeler Geschichten 1926–1960, Berlin 1990

Kammrad, Horst: Streifzüge durch Zehlendorfs Geschichte, 1991–1995

Krüger, Fritz: Zehlendorf im Wandel der Jahrhunderte

Kuhlow, Hermann F.W.: Das Kreuz an der Kreuzung, Berlin 1980

Kuhlow, Hermann F.W.: Zehlendorfer Kirchengeschichte, Berlin 1992

Lehmann, Dr. Jorg-Dieter von: 100 Jahre Adler-Apotheke, Berlin 1994

Lentz, Georg: Märkische Protokolle, Berlin 1992

Liebram, Claudia: Die Biologische Landesanstalt, Berlin 1995

Melms, Carl-Philipp: Chronik von Dahlem, Berlin 1957

Mielke, Hans-Jürgen: Historischer Atlas Berlin-Zehlendorf, Berlin 1992

Müller, Adriaan von: Lebendiges Mittelalter in Berlin, Berlin 1977

Müller, Adriaan von: Museumsdorf Düppel, Berlin 1980

Müller-Lauter, Erika: Friedhöfe und Grabmale, Berlin 1992

Museumspädagogischer Dienst: Vom Lehniner Klosterhof zum Grünen Bezirk, Berlin 1992

Nillius, Manfred: Eine Wanderung mit Fontane von Zehlendorf zum Wannsee, Berlin 1981

Posener, Julius: Die bauliche Entwicklung nach 1900, Berlin 1992

Silbereisen, Gabriele: Die Waldsiedlung Onkel-Toms-Hütte, Berlin 1992

Stürzbecher, Manfred: Zur Geschichte der Krankenhäuser, Berlin 1992

Süd-Grundschule: Städtischer Friedhof Schönow, Berlin 1986/87

Tent, James F.: Freie Universität Berlin, Berlin 1988

Trumpa, Kurt: Zehlendorf in der Kaiserzeit, Berlin 1981

Trumpa, Kurt: Zehlendorf gestern und heute, Berlin 1979

Trumpa, Kurt: Geschichte des Dorfes Zehlendorf, Berlin 1984

Trumpa, Kurt/Carus, Benno: Johann-Peter Süßmilch, Berlin 1993

Weber, Klaus-Konrad: Chronik von Dahlem II, Berlin 1982

Wertmann, Bernhard: 100 Jahre Z 88, Berlin 1988

Wetzel, Jürgen: Zehlendorf, Berlin 1988

Wyrwa, Ulrich: Die Freie Universität, Berlin 1992

Berlinische Reminiszenzen

Bodo Rollka/ Volker Spiess (Hrsg.)
Leben am Prenzlauer Berg

Berlinische Reminiszenzen 61
128 S., 60 Abb., geb., DM 19,80/ ÖS 155,–
/ SFr 21,–   ISBN 3-7759-0333-X

Wolfgang Janowitz
**Spaziergänge
in Köpenick**

Berlinische Reminiszenzen 62
120 S., 41 Abb., geb., DM 19,80/ ÖS 155,–
/ SFr 21,–   ISBN 3-7759-0339-9

Jürgen Grothe
Spandau
Schauplätze seiner Geschichte

Berlinische Reminiszenzen 63
128 S., 34 Abb., geb., DM 19,80/ ÖS 155,–
/ SFr 21,–   ISBN 3-7759-0356-9

Jan Feustel
**Spaziergänge
in Friedrichshain**

Berlinische Reminiszenzen 64
119 S., 39 Abb., geb., DM 19,80/ ÖS 155,–
/ SFr 21,–   ISBN 3-7759-0357-7

Klaus-Dieter Wille
**Spaziergänge
in Charlottenburg**

Berlinische Reminiszenzen 66
124 S., 28 Abb., geb., DM 19,80/ ÖS 155,–
/ SFr 21,–   ISBN 3-7759-0373-9

Walter Püschel
**Spaziergänge
in Weißensee**

Berlinische Reminiszenzen 67
120 S., 32 Abb., geb., DM 19,80/ ÖS 155,–
/ SFr 21,–   ISBN 3-7759-0381-X

Thomas Wieke
**Vom Etablissement
zur Oper**
Die Geschichte der Kroll-Oper

Berlinische Reminiszenzen 68
113 S., 26 Abb., geb., DM 19,80/ ÖS 155,–
/ SFr 21,–   ISBN 3-7759-0384-4

Thorsten Knoll
Berliner Markthallen

Berlinische Reminiszenzen 69
109 S., 35 Abb., geb., DM 19,80/ ÖS 155,–
/ SFr 21,–   ISBN 3-7759-0392-5

Dieter und Günter Matthes
**... und dann nichts wie raus
zum Wannsee**
Freibad Wannsee gestern und
heute

Berlinische Reminiszenzen 70
104 S., 39 Abb., Pb., DM 19,80/
ÖS 155,–/ SFr 21,– ISBN 3-7759-0387-9

Herbert Lange
**Spaziergänge in
Kleinmachnow**

Berlinische Reminiszenzen 71
120 S., 33 Abb., Pb., DM 19,80/ ÖS 155,–/
SFr 21,–   ISBN 3-7759-0395-X

Haude & Spener

Postfach 30 30 46   10730 Berlin
Potsdamer Str. 199   10783 Berlin   Tel. 030/ 216 50 61   Fax 030/216 50 64